本书出版受重庆理工大学科研启动基金项目（项目编号：2

U0592758

基于产业组织视角的 经济增长研究

付彤杰◎著

Research on Economic Growth from
the Perspective of
Industrial Organization

经济管理出版社
ECONOMY & MANAGEMENT PUBLISHING HOUSE

图书在版编目（CIP）数据

基于产业组织视角的经济增长研究 ／ 付彤杰著.

北京 ：经济管理出版社，2024. -- ISBN 978-7-5096
-9997-3

Ⅰ．F062. 9

中国国家版本馆 CIP 数据核字第 2024CF9808 号

组稿编辑：曹　　靖
责任编辑：郭　　飞
责任印制：许　　艳
责任校对：蔡晓臻

出版发行：经济管理出版社
　　　　　（北京市海淀区北蜂窝 8 号中雅大厦 A 座 11 层　　100038）
网　　　址：www. E-mp. com. cn
电　　　话：（010）51915602
印　　　刷：唐山昊达印刷有限公司
经　　　销：新华书店
开　　　本：720mm×1000mm/16
印　　　张：12
字　　　数：185 千字
版　　　次：2024 年 11 月第 1 版　　　2024 年 11 月第 1 次印刷
书　　　号：ISBN 978-7-5096-9997-3
定　　　价：88. 00 元

前　言

党的二十届三中全会通过的《中共中央关于进一步全面深化改革、推进中国式现代化的决定》提出了"深入破除市场准入壁垒，推进基础设施竞争性领域向经营主体公平开放""强化反垄断和反不正当竞争，清理和废除妨碍全国统一市场和公平竞争的各种规定和做法"等一系列改革措施，这些产业组织政策将对经济增长产生怎样的影响，其中的作用机制如何，现代经济增长理论难以给出令人满意的回答。

中国经济增长取得的成果，既对西方流行的经院式黑板经济学理论提出了严峻挑战，又为经济增长理论和发展经济学研究提供了鲜活案例，还为从产业组织视角和需求侧研究经济增长提供了经验启示。基于产业组织视角研究经济增长，完善产业组织政策促进经济增长，正是本书的写作目的。

全书共7章：第1章导论。从现代经济增长理论难以较好地解释中国经济增长奇迹等方面阐述研究背景与意义，从产业组织视角提出"市场结构—企业行为—经济增长"的SCG研究框架。第2章理论基础。对经济增长思想及理论研究、相关产业组织观点进行梳理综述，指出基于产业组织视角的经济增长研究的必要性和可行性。第3章市场结构竞争演进的经济增长效应。分析市场结构从垄断向竞争演进过程中企业竞争行为的经济增长效应机制，采用每万人企业单位数衡量市场结构进行省级面板计量分析，采用改革开放后彩电、轿车和电信业的改革发展进行案例分析。

第4章销售努力的经济增长效应。分析销售努力促进消费的经济增长效应机制，采用规模以上工业企业销售费用等数据进行省级面板计量分析。第5章企业研发的经济增长效应。分析企业研发投入促进专利申请、新产品销售的经济增长效应机制，采用规模以上工业企业研发投入等数据进行省级面板计量分析。第6章纵向一体化的经济增长效应。分析企业纵向一体化行为降低成本、提高效率的经济增长效应机制，并对比亚迪新能源汽车的纵向一体化进行案例分析。第7章经济增长经验和产业组织政策。总结国内外经济增长的产业组织政策经验，提炼产业组织政策内涵和政策制定八项原则，并提出产业组织政策完善建议。

中国式现代化是走和平发展道路的现代化，中国式现代化进程中的产业组织政策实践对发展中国家实现经济增长具有借鉴意义。基于产业组织视角的经济增长研究，有利于更好把握产业组织政策内涵和原则，更好地发挥产业组织政策在推进经济高质量发展方面的积极作用，更好地讲述中国经济增长故事、提供中国经济增长方案。

目 录

第1章 导论

党的二十届三中全会通过的《中共中央关于进一步全面深化改革、推进中国式现代化的决定》明确指出了"深入破除市场准入壁垒，推进基础设施竞争性领域向经营主体公平开放""强化反垄断和反不正当竞争，清理和废除妨碍全国统一市场和公平竞争的各种规定和做法"等一系列改革措施，这些产业组织政策将对经济增长产生怎样的影响，其中作用机制如何，本书将在系统回答上述问题方面做出一定的理论研究尝试。

1.1 研究背景

1.1.1 中国经济增长实践提供理论研究沃土

离开经济增长，许多经济问题都无从谈起，无论发达国家还是发展中国家，都把经济增长作为主要的政策目标。从18世纪末期的英国工业革命开始，西方一些国家开始了总体、持续和快速的经济增长，形成了第一批经济发达国家。从20世纪中期日本经济崛起开始，东亚和东南亚一些国家和地区实现了赶超式的经济增长，甚至超过了老牌的发达国家。

新中国成立七十多年来，我国经济增长取得了举世瞩目的成就，为实现中华民族伟大复兴的中国梦奠定了坚实的物质基础：从经济总量来看，党的二十大报告指出，我国经济总量占世界经济的比重达 18.5%、十年来提高了 7.2 个百分点、稳居世界第二位，未来将推动经济实现质的有效提升和量的合理增长，中国已经成为世界经济增长的最大贡献者和引领者；从经济门类来看，我国拥有 39 个工业大类、191 个中类、525 个小类，是全世界唯一拥有联合国产业分类中的全部工业门类的国家；从创新效果来看，高铁、华为、中国建筑以及网购，已成为中国经济增长质量的亮丽名片，值得注意的是，"支付宝、共享单车、网购"均为民营企业创业推进实施的，而高铁由国有企业主导，最终实现了领先的飞跃，吸引越来越多的国家采用中国高铁的运营模式和技术；从企业产生的历史过程和产业发展的现实情况来看，我国企业数量从 1996 年的 262.81 万家上升到 2022 年的 3282.87 万家，同时期我国 GDP 从 1996 年的 6.79 万亿元上升到 2022 年的 121.02 万亿元，市场结构从垄断向竞争演进。

回顾历史，新中国成立后，以社会主义三大改造为基础建立了社会主义公有制的经济制度，以苏联援助的 156 个项目为契机建设了工业体系基础，以"三线"建设为契机基本实现了区域工业较为均衡的发展。自改革开放以来，破除了诸多束缚经济增长的羁绊，中国经济以惊人的增长速度吸引了全世界的目光。中国经济正从高速增长阶段转向高质量发展阶段，从制造业大国迈向制造业强国，经济的持续增长使人们的生活水平持续提高，越来越多的人能够购买耐用消费品，耐用消费品的概念也在不停地演变，物质生活的改善使人们越来越重视精神生活的享受，旅游业的发达彰显了人们消费结构的不断提高，交通工具的发展使人们的距离拉近了，通信业的繁荣缩短了沟通的距离，整个世界似乎变得越来越小了。剖析新中国经济快速发展历程，探寻经济快速发展的影响因素，是经济理论特别是经济增长理论研究当仁不让的重大任务。

1.1.2　现代经济增长理论解释能力有待提升

随着经济增长理论从新古典增长理论迈向新增长理论，要素投入从劳动、资本、土地、企业家才能，逐渐拓展到人力资本（Romer，1990）、研发（R&D）（Grossman 和 Helpman，1991a；Aghion 和 Howitt，1992）。经济增长表现为人均消费的产品种类增加和产品质量提升，以人均 GDP 增长为衡量标志，但归根结底是企业行为的结果，经济增长模型分析基础和发展突破口也是企业行为，纳入研究的企业行为从投资逐渐拓展到研发。关于中国经济增长的研究中，对投资的经济增长效应代表性研究有张军（2002a）、崔宏凯和魏晓（2018）等，对研发的经济增长效应代表性研究主要有吴延兵（2006）、张海洋和史晋川（2011）、李毓和周欢（2018）等。

现代经济增长理论对解释我国经济增长奇迹仍存诸多不足。"中国完全依靠了她自身的商业头脑、实用主义精神、现成稳定的政治制度和最好的老师——其他国家的发展经验和中国过去的失败经历，而不是依靠当下流行的经院式的'黑板上'的西方经济学理论""中国的实践为重新思考整个发展经济学理论和政治经济学的基本原理，以及重新解读工业革命的机制本身提供了一个鲜活案例和千载难逢的机会"（文一，2016）。"关于发展中国家和经济转型国家的经济增长理论研究薄弱""现代经济增长理论难以解释中国经济增长""中国经济增长为现代经济增长理论提供经验证据和启示"（严成樑，2020）。

虽然新增长理论修正了市场结构完全竞争的假定，但对市场结构研究仍然不足，"现代经济增长理论侧重从总量视角研究经济增长的动力，从结构视角解释经济增长动力的理论研究薄弱""需求侧在经济增长中的作用被弱化"（严成樑，2020）。在新增长理论框架之下，研发部门和最终产品部门采用不同的市场结构，纯粹是由于模型构造的需要对市场结构进行设定，而不是基于解释经济增长事实，研发创新导致利润与完全竞争导致零利润的不兼容性，只能采用不同部门假定不同市场结构的违背现实的框架。而从企业家精神角度对我国经济增长的理论研究（鲁传一和李子奈，2000；李宏彬等，2009；刘志永等，2020；王文举和姚益家，2021；胡厚全，2022），存在经济增长机制分析上重视企业家创业创新、忽视企业价格竞争等企业行为，在企业家精神衡量指标上重视民营企业、忽视国有企业等有待完善之处。

销售努力作为重要的企业行为没有纳入经济增长主流理论。随着我国实施科技强国战略，我国规模以上工业企业研发经费支出从 2011 年 5993.8 亿元，上升至 2022 年的 19361.8 亿元，研发经费支出虽然增速较快，但是仍远远低于同期的销售费用 30431.7 亿元。销售费用是销售努力（或称营销努力）在企业支出上的货币表现，也就是说，从工业企业成本投入来看，研发投入仅相当于销售努力的 64%。在实践中，销售努力是一种重要的企业行为，销售部门的话语权和重要性不低于研发部门。近年来，网红直播带货如火如荼，对网络商品销售的促进有目共睹，网络促销正在深刻改变大众的消费习惯，因此销售努力的经济增长效应日趋凸显。

虽然现代经济增长理论已经从市场结构假定、产品多样化、研发角度进行了有益探索，但是仍有必要从产业组织视角进行进一步拓展完善。

1.2 研究意义

从产业组织的角度分析经济增长的过程，旨在为宏观经济增长寻找微观基础，为宏观经济政策的纠正和完善提供理论依据，因此具有理论意义和实践意义。

经济增长理论指出，经济增长靠要素投入增加和生产率提高，而没有详细分析要素投入后的生产过程，对生产率的解释也不够清晰，未说明哪些因素导致了生产率的提高，即使找到一些原因，也常常无法恰当地和政策建议相匹配。事实上，无论是强调外资溢出效应还是强调技术创新的经济增长理论，都已经或多或少借助产业组织的概念（如市场结构）解释经济增长。比如，从完全竞争的市场结构假设变为垄断竞争的市场结构假设，已经承认经济增长受到市场结构的影响。但是对于政策建议来说，这样的假设改变仍然不便于指导实践。

本书认为，借助产业组织理论中的核心概念市场结构和企业行为，有利于理解经济增长的微观基础，揭示经济增长的影响因素。因此本书期望考察一个新产业的形成、发展与壮大过程，或是由于某个企业家创业或创新，或是由于进入壁垒的降低或破除（政府放松管制或者营商环境改善），随着创新创业被模仿、新企业进入，市场结构从垄断向竞争演进、市场集中度下降，随着企业竞争行为从价格竞争到差异化竞争（销售努力或者研发创新），企业兼并、收购与破产、重组导致市场集中度上升稳定（常常形成垄断寡头），整个过程中的该产业之于其他产业的回顾、旁侧和前向效应，就是基于产业组织视角对经济增长的考查，发现经济增长的影响因素，既可以联通经济增长的微观基础和宏观表现，拓展经济增长理论研究，也便于为经济政策制定提供参考，因此具有理论意义和现实意义。

1.2.1 完善经济增长理论微观基础

在借鉴前人研究的基础上，谢地（1999）率先明确指出研究经济增长的视角应该转变到产业组织，程玉春（2003）也沿袭了这个观点。本书在继承这一观点的基础上，进一步论述产业组织的经济增长效应。

研究产业组织的经济增长效应，可以借鉴罗斯托（1998）关于经济增长由主导产业推动的观点，主导产业推动经济增长将分析深入到产业结构层面，如果将经济增长的研究层次向前再推进一步到产业部门内部，则需从产业组织的视角去分析经济增长的影响因素，深入到产业组织内部考察经济增长的发生机制，寻找经济增长的中观和微观基础，对解释总量经济增长和经济结构升级具有理论意义。

1.2.1.1 产业组织视角有助于解释总量经济增长

经济增长一般是指一国（或地区）人均国内生产总值的持续增长，

间的转移可以看作研究经济增长的视角，而结构升级是通过一个产业内企业行为作用的过程。产业组织发展迅速进而趋于稳定，其带动经济增长的作用会趋于平稳，常常是产业集中度上升的过程、从垄断竞争到寡头垄断，在这个过程中企业各方面能力得到提升，比如韩国和日本直接通过几个大企业形成寡头垄断带来的经济快速增长，是由于少数几个大企业可以迅速获得企业技术和管理经验，而且要不断从世界市场的竞争实践中加以摸索，其中有些隐性知识只能从竞争中获得。另外，在产业迅速发展的过程中，本产业的增加值迅速扩大，对其他产业的溢出效应通过带动其他产业增加值的增加，对经济增长的带动作用可能是巨大的，这就是所谓主导或先导产业。而在产业发展过程中，企业是主要执行者和经济学的研究单位，企业行为应该成为研究对象，新制度经济学则将研究单位缩小到交易和契约，既不是古典的企业和人，也不是新古典中的企业和产业，对于从需求端理解经济问题有一定启发意义。因此研究企业行为对研究产业组织变化及其对关联产业的溢出效应，对理解整个经济的增长和结构升级是有意义的。

研究企业行为对本产业发展以及相关产业的影响，可以借鉴罗斯托（1988）提供的分析工具，罗斯托从产业部门的角度考察经济增长，认为经济增长根植于现代技术所提供的生产函数的累计（本行业发展）扩散（关联行业发展）之中，技术和组织中的变化只能从产业部门角度加以研究，总量指标是产业部门活动的总结。罗斯托向微观基础迈出了从宏观分析到产业分析的一步，本书尝试迈出通向微观基础的另一步，即从产业分析到企业行为分析，如果没有企业行为分析，无法解释经济增长为什么会发生。古典经济学指出了市场分工的意义，新古典经济学解释了企业的价格行为，马克思在《资本论》中研究了企业兼并收购和金融，产业组织理论的发展为本书分析提供了分析框架和可选概念，钱德勒（2004）的企业史理论提供了研究土壤和历史依据，罗斯托的主导部门经济史理论则提供了研究依据、拓展空间和理论工具。

罗斯托认为持续的经济增长依赖于不断获得新技术和新生产函数的储

备，这些新技术和新生产函数通过有限的若干部门高速增长，能使平均增长水平相对稳定，他以"主导部门"（即主导产业）来定义需求潜力大、增长速度快能带动整个经济发展的产业或部门。新技术和函数是竞争而来的，市场结构和企业行为相互作用，市场结构下企业行为决策，进而影响市场结构的过程。但罗斯托没有分析产业内的企业竞争行为，分析产业发展导致的产业分类的变化（纵向一体化可能将两个产业合并到一个产业中）、管理能力积累和内部机制的变化，产业内部集中度变化带来的企业行为变化，企业行为通过产业间关联效应带来的经济增长。本书认为企业行为可以为其他产业提供生产资料储备，通过对其他产业的技术溢出，从而降低其他产业投入成本进而产生利润，也可以创造需求（生产投入需求和收入新增需求），使别的企业为其提供服务从而促进经济增长。

罗斯托把产业间效应归结为回顾效应、旁侧效应和前向效应。回顾效应是指处于高速增长阶段时新部门会对原材料和机器产生新的投入需求，这些投入反过来又要求现代设计观念和方法的发展。旁侧效应是指主导部门还引起公共品供给的提高和城市建设、法律、金融制度和市场制度等方面的投资。前向效应是主导部门可以消减其他工业部门的投入成本（规模经济、范围经济和价格竞争的结果），提供吸引企业进一步开发新产品和服务的机会并引起企业家和发明家的创新行为（如特种钢和更便捷的交通工具)[1]。当然，罗斯托研究主导产业一般都是制造业。

研究企业行为的经济增长效应可以借助罗斯托三种效应分析工具。新

---

[1]　罗斯托这一组概念思想来自艾略特·赫希曼（1991），在第六章"相互依存与工业化"中，他指出了后向联系效应和前向联系效应。后向联系效应（投入效应或衍生需求），即每一非初级经济活动将导致通过国内生产，提供其所需投入的意图。前向联系效应（产品利用），即任何在性质上并非唯一满足最终需求的活动，将导致利用其产品作为某种新生产活动投入的意图。赫希曼提出某行业导致的经济活动，等于各行业与建立概率的乘积之和。考察了单个企业如何有效率，"新企业一旦上马，将在何种条件下可望发育成为经济体系有效率有活力的细胞"，"关注某一特定项目成长"。他提出企业需要适当压力和处理好组织内部责权利关系。赫希曼的"后相联系效应和前相联系效应"概念为罗斯托分析提供重要参考，为研究产业组织的增长效应提供依据。赫希曼不光强调企业的效率，还强调活力，也就是带动经济增长的意思，指出保持一定竞争，如果企业行为能使得责权利关系处理更好，则会带来经济增长。

主导部门的产生无疑是其产业内企业作用的表现和结果，因此，为了更为精准考察经济增长，必须从企业的行为开始，分析企业行为的回顾效应、旁侧效应和前向效应。罗斯托分析的是工业部门间的效应，即一个产业活动对其他产业部门的影响。但是，产业部门活动的主体是企业，部门活动是企业行为的综合结果，因此罗斯托的部门增长分析法背后，实质和基础是产业组织中的企业行为。由于企业行为在不同的产业组织结构下和发展阶段有不同的侧重，如垄断竞争中定价、广告促销到寡头垄断阶段的创新等，因此经济增长过程可以从产业组织中的不同企业行为的回顾效应、旁侧效应和前向效应分析，这也是从产业组织角度分析，将产业组织理论对于企业行为的研究作为我们分析的起点的原因。从某种程度来说，分析经济增长过程就是分析产业组织中的企业行为的回顾效应、旁侧效应和前向效应。

产业组织经济学关于市场的放开和市场结构的演变，主要是研究其利润绩效、消费者剩余和经济福利，没有研究其对经济增长的效应，而我们旨在从产业组织角度考察市场结构演变对经济增长的比较静态效应和动态效应。从市场结构考察经济增长的一个启示来自熊彼特对垄断经济之于创新的分析。熊彼特（2000）指出了垄断经济利于创新，他认为垄断经济以其拥有的高额利润而可以有更多的积累用于技术创新，这是因为技术创新需要高额投入和创新实现的资本条件。新增长理论均采用了垄断竞争的市场结构来支撑创新，而产业组织理论关注垄断经济的掠夺性定价产生消费者福利损失和高额利润。产业组织理论主要研究市场结构和企业行为，传统的 SCP 模型把市场结构作为主要研究对象从而研究其对市场行为与绩效的决定作用，而现代的产业组织理论吸收博弈论和新制度经济学及相关理论，丰富了企业行为的分析。但是我们可以从中找到研究经济增长的可能，垄断的市场结构既然可以对创新产生需求效应，而这部分需求势必会造成这些创新部门收入的增加。所以说从产业组织理论可以找到经济增长的影响因素，从市场结构不但可以分析产业绩效，而且也可以分析国民收入的增加，即经济的增长。本书将从独占垄断开始考察市场结构演变的增长效应。这种市场结构的演变是由于竞争者不断增加而产生的，竞争者的增加可能是来自市场准入限制的放开，还可能来自于对创新者的模仿跟进，这种创新的模仿在产业集群中尤其常见。因此，产业组织分析便于了解经济结构升级的内在机制，进而丰富从经济结构角度理解经济增长的作用机制。

1.2.1.3　产业组织视角便于解决经济增长理论中存在的争论

回顾经济增长理论的发展历史，可以发现有如下几个特点：理解经济增长的视角逐渐转向产业层面，如产业结构层面和主导产业层面；对市场结构的假定开始发生变化，如新增长理论关于产品差异的假定，以及关于垄断竞争的假定；对企业行为的研究范围逐渐拓宽，以前主要是关注生产行为，现在更关注企业研发与创新行为。

经济增长理论中存在着诸多争议：罗斯托（1988）认为经济增长要从产业过程去分析，而库兹涅茨（1985）认为经济增长是总量过程；贝纳西（2005）认为竞争利于经济增长，而熊彼特和新增长理论认为适度垄断有利于创新和经济增长；新增长理论各个模型分别强调了人力资本、知识、技术创新，都为了抵消规模报酬递减，但却难以形成共识。

经济增长理论的发展特点和存在的争论，启发我们研究产业组织的经济增长效应，因为从产业组织的核心概念——市场结构和企业行为，既符合经济增长理论的发展趋势，又可利于明晰观点争论。所以，研究产业组织的经济增长效应，或者说从产业组织视角研究经济增长过程，有助于我们更详细地理解经济增长，有助于我们理解经济增长的不同侧面，有助于我们拓宽对经济增长微观基础的理解，有助于对经济增长的诸多争论给予解释，同时有助于我们获得更系统的及更具操作性的政策建议（如达成可竞争的市场结构获得快速经济增长）。

产业组织的经济增长效应分析有利于理解经济增长的微观基础。经济增长理论常常由于其特定的市场环境和分析工具，没有更多地考虑垄断放开、市场结构演变、企业的行为（价格竞争、广告、纵向一体化等）等因素对经济增长的作用，而这正是宏观经济的微观基础，因此从这些方面分析经济增长，对于丰富经济增长理论，深化人们对经济增长的认识具有理论意义。新经济增长理论的假设改变——市场结构从完全竞争到垄断竞争，也预示着从产业组织（市场结构演变与企业竞争行为）的层面解释经济增长是必要的和有空间的。而产业组织理论着重于价格分析和均衡分析，并没有考察市场结构和企业行为对经济增长的意义。同时，发展中国家经济增长实践具备了很多值得总结和提炼的经验，如破除制度壁垒、引进技术、从适度集中的市场结构开始新产业的发展（可以充分利用稀缺的资金，减少破产带来的时间损失和资源浪费）。因此，借鉴产业组织理论工具分析的经济增长过程，便于我们寻找经济增长的微观基础。

产业组织的经济增长效应分析有利于理解经济增长的激励结构。新制度经济学批评经济增长模型没有考察激励结构（诺斯，1994）。事实上，无论新古典经济增长理论还是新经济增长理论，其对市场结构的假定——完全竞争和垄断竞争，都由于分析上的便利，而没有指明不同竞争程度的市场结构对经济增长的影响。而产业组织理论对垄断常常有过于苛刻的界定，并专注于分析福利影响，在此基础上产生的政策推论，反而损伤了企业竞争力和国家的经济增长。因此有必要从产业组织的角度分析经济增长，分析市场结构和企业行为对经济增长的作用机制。不考察产业组织的经济增长效应，而单纯从微观福利角度分析产业组织，会导致片面的理论分析，在此基础上进而产生片面的政策工具，最终产生对经济增长的负面影响。

产业组织的经济增长效应研究有助于进一步完善经济增长模型。新经济增长理论已经从产业组织角度进行尝试。一个是创新模型，认为垄断程度的提高利于创新的激励，因为垄断利润会提高创新投入。事实上，较高的垄断程度还可能会导致创新激励不够，垄断可能导致管理效率降低，降低创新积极性。另一个是财政支出模型，此类模型分析了税收对经济增长的影响，但没有分析进入壁垒降低，没有分析政府管制放开对经济增长的作用，而这些方面会提高企业设立的速度和数量，提高市场的竞争程度，从要素投入和生产效率两种作用机制来影响经济增长。从经济实践经验来看，新经济增长理论模型需要进一步完善，而产业组织视角可以提供相关思路。

1.2.2 提供经济增长政策理论参考

自党的十八大以来，在习近平新时代中国特色社会主义思想的指引下，我们要实现"两个一百年"奋斗目标，仍然需要经济保持一定速度的增长，我国社会主要矛盾是人民日益增长的美好生活需要和不平衡不充分的发展之间的矛盾，而各地区之间发展不平衡是其表现之一。党的二十大报告指出，着力提高全要素生产率，着力提升产业链供应链韧性和安全水平，着力推进城乡融合和区域协调发展，推动经济实现质的有效提升和量的合理增长。发展不平衡不充分问题仍然突出，推进高质量发展还有许多卡点瓶颈，科技创新能力还不强，城乡区域发展和收入分配差距仍然较大。我国地区经济增长和发展的平衡政策效果还达不到预期，因此需要完善经济增长理论在逻辑解释力和政策建议效果上的不足，以实现平衡和充分的经济增长。

我国发展进入战略机遇和风险挑战并存、不确定难预料因素增多的时期，经济增长过程中还存在着投资效率低下、地区经济差距明显、企业竞争力不强、地方债务负担沉重等一系列问题。要解决经济增长暴露出来的持续性不够、平衡性不足问题，必须深入到产业组织内部，探索经济增长的机制，寻找其中的制约因素，为政策建议提供理论基础。基于这样的背景，本书旨在从产业组织角度阐释经济增长，研究市场结构和企业行为的经济增长效应，尝试寻找经济增长的微观基础，一方面完善对我国产业发展和经济增长的理解，总结我国经济增长奇迹的产业组织经验，讲好中国故事、传播中国经验；另一方面弥补经济增长理论和产业组织理论不适应指导实践的地方，为未来产业组织政策制定和实施提供理论依据与参考。

从产业组织的角度分析经济增长便于提出政策建议。经济增长理论的主要不足之一就是政策操作性不强，单纯的投资增加和创新投入增加，也可能导致资金浪费和设租寻租。产业组织的研究也可能得到补充，德国、日本和韩国等国家的经济增长历史表明，产业组织政策可以促进经济增长。同时，自我国改革开放以来，彩电等家电产业、电信业、轿车等汽车制造业的改革发展历史，也已经证明了产业组织政策对经济增长具有重要的作用。

基于这样的经验总结，我们可以分析当前制约经济增长的产业组织因素。从市场结构角度来看，我国仍然存在市场垄断问题，国内统一大市场尚在建设过程中，地方市场保护、自然垄断行业的竞争性环节进入壁垒等问题的解决，会产生从垄断到垄断竞争的市场结构演变过程，会激发出潜在的经济增长能量。从企业行为角度来看，理论分析表明价格竞争、广告行为、研究与开发、纵向一体化都可能对经济增长产生影响，应该鼓励引导而不是盲目限制。企业行为（尤其是价格竞争和研究与开发）也是经济增长的实现手段，普通消费者借此享受技术进步和经济增长的成果。

经济增长理论的研究目的之一是要解释地区经济增长差距，并为缩短地区经济增长差距提供有力政策建议。我国东中西部各地区存在经济增长差距，尤其是浙江、江苏、山东、广东等省份增长速度领先。细察上述地区的产业组织形成历史可以发现，存在包括外资企业进入、乡镇企业兴起、国家投资增加、民营企业发展等市场结构演进模式，在地理上的表现则是形成产业集群。企业数目代表着一个地区的产业组织（主要反映市场结构）状况，一定人口的企业数越多，则区域内市场活跃程度和竞争激烈程度越高，而有效的市场竞争能促进经济增长。良好的产业组织——包括良性的竞争（价格竞争、产品差异竞争、改良与创新等）、上下游产业的分工（充分利用规模经济、提高管理效率）、企业数量的增加，政府税收得到保障，消除设租——寻租行为，市场公平竞争得到保障，避免掉入设租博弈陷阱。因此促进落后地区经济增长的政策，也须从产业组织视角入手。

既然研究产业组织的经济增长效应具有重要的理论意义和现实意义，那么下面提出本书的研究框架。

1.3 研究框架

1.3.1 概念界定

产业组织在流行的教科书中甚至都没有统一明确的定义，泰勒尔（1997）的《产业组织理论》作为西方最流行的教材，则对产业组织"避免下一个定义"，可见产业组织并不容易界定。威廉和乔安娜（2007）在《产业组织经济学》中认为产业组织理论是关于有效竞争的理论。马丁（2003）在《高级产业经济学》中用排除法定义产业组织是研究"非标准竞争的市场问题"。

谢地（1999）认为传统的产业组织不同于企业组织，是特定产业中企业与企业之间的关系，是产业内企业间的垄断抑或竞争关系框架。企业组织与产业组织是两个密切相关、具有某种同一性的范畴，产业组织是企业组织变化结果，企业组织与产业组织是同一本质的两次协调，企业组织与产业组织互动，企业组织是产业组织分析的核心。

程玉春（2003）认为产业组织就是产业的生产经营组织，包括企业及企业间关系两个层次。各种生产要素在企业内部得到组织，然后通过企业间的竞争与合作的市场关系形成企业群体和网络，进而构成整个产业。产业组织合理化，同样也是两个层次：企业内部形成合理的产权结构、治理结构和组织结构；企业之间形成合理的竞争与合作的市场关系，形成有序的企业群体和企业网络。

综上所述，产业是生产同类或具有替代关系产品的一类企业的集合。而产业组织就是产业内部的市场结构和企业行为的相互作用。这一界定具有动态意义，企业行为决策以已有市场结构为前提，又反作用于市场结构、引致市场结构演进。产业内部的市场结构和产业间的结构共同构成微观经济和宏观经济的中介，连通微观经济主体和宏观经济表现。

对一个国家经济增长政策而言，一个产业是否需要优先发展，如何促进发展，需要怎样的市场结构，是集中经济资源由国家推动，还是让市场自发形成，在民营经济落后阶段无法推动市场结构发展，通过国有经济组织能否兼顾竞争效率和经济增长，是通过引进外援还是自力更生，都是需要理论指导来进行决策的。

1.3.2 分析框架

按照哈佛学派 SCP 框架，产业组织主要是研究市场结构（Market Structure）、企业行为（Enterprise Conduct）和市场绩效（Market Performance）三者的关系，而市场绩效是前两者的结果，因此本书研究产业组织的经济增长效应，主要从市场结构和企业行为两个层面去研究，构建"市场结构（Market Structure）—企业行为（Enterprise Conduct）—经济增长（Economic Growth）" SCG 分析框架。

市场结构是指市场上各企业相互作用形成的竞争或垄断态势。它的类型主要有独占、寡头垄断、垄断竞争和完全竞争。企业数目逐渐增加，竞争性也越来越强。产业组织理论认为市场结构的表现特征主要有企业数目、市场集中程度、进入壁垒等。企业数目越多，竞争性越强；市场集中程度越低，竞争性越强；进入壁垒越低，竞争性越强。在产业组织理论中的 SCP（结构—行为—绩效）范式中，市场结构被认为是起决定作用的因素。因此研究产业组织的经济增长效应，也从市场结构开始。产业组织理论中讨论的进入壁垒是市场结构的一种衡量因素，而当研究经济增长时，进入壁垒就变为市场结构演进的影响因素，产业的进入壁垒影响投资在实体投资和虚拟资本之间的选择，进入壁垒下降会导致实体投资增加，企业数量增长促进市场结构演进。

企业行为是受市场结构决定的，并影响着下一时期的市场结构。企业家在各种企业行为中进行选择决策，从而最大化企业的利益。产业组织理论研究的企业行为主要包括价格竞争、一体化（垂直一体化，混合合并)、销售努力(广告)、研发与创新、物质资本投资等(泰勒尔,1997;威廉和乔安娜,2007;海和莫瑞斯,2001)。现代经济增长理论对于物质资本投资的研究较丰富,而对于前四种企业行为的经济增长效应则研究不足,本书将着重研究前四种企业行为的经济增长效应,虽然新增长理论对于研发创新的研究较多,但仍需进一步完善。

市场绩效受到市场结构和企业行为的影响,用来分析企业发展的效率和消费者的福利,常用产业或者企业的利润率衡量。不同理论学派对市场绩效的福利效果看法不同,有的认为市场绩效高是因为存在垄断势力,是对消费者福利的侵蚀;而相反的观点则认为,企业利润率高是因为经营效率高,对于社会进步具有积极意义。如果用利润代表市场绩效,那么各产业利润加上该产业各种要素收入(员工收入、债权利息和股份红利)和固定资产折旧则会构成国内生产总值,即 $Y = \sum_{i=1}^{n} P_i$,这里的 P_i 表示第 i 产业的增加值,经济增长是人均国内生产总值的增加,因此从一定意义来看经济增长可以用市场绩效来表达。

本书旨在基于产业组织视角研究经济增长,探究产业组织的经济增长效应,主要从市场结构和企业行为两个层面入手,把经济增长作为一种市场绩效来考察,研究框架如图 1-1 所示。产业组织状态变化产生经济增长效应,具体来说:第一,由于市场竞争,市场结构从独占到寡头垄断,再到垄断竞争和完全竞争,产生经济增长效应,范围从产业内波及产业间;第二,市场竞争表现为企业竞争行为,价格竞争、销售努力、研发创新、纵向一体化等企业竞争行为产生经济增长效应。

1.3.3 研究方法

1.3.3.1 唯物辩证法

唯物辩证法认为,客观事物总是运动的,运动的事物是普遍联系的。经济增长本身就是个发展演进变迁的过程,只有运用唯物辩证法去研究其发展的内在机制,从市场结构和企业行为层面研究经济增长,才能更好地

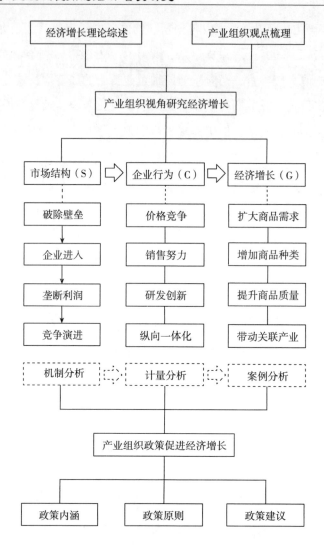

图 1-1　本书研究框架

理解经济增长。

1.3.3.2　规范分析与实证分析相结合

规范分析一般是从一定的价值判断标准出发，对某种事物进行逻辑思维和科学推理，探索其运动发展的规律性，必须有一定的价值判断作为前提，回答"应该是什么"的问题。实证分析是对社会经济的实际运行情况进行描述、分析和解释，说明社会经济现象"是什么"的问题。在研究经济增长的时候必须把理论演绎与实践分析相结合才会得出比较科学的结论，因此通过研究我国产业改革历史研究产业组织的经济增长效应，不但可以验证理论演绎的结论，而且可以避免规范分析脱离实践。

1.3.3.3　静态分析与动态分析相结合

静态分析是指考察研究对象在某一时刻上的现象与规律；动态分析是考察现象从一时刻演变到另一时刻的过程中所表现出来的规律，静态分析是动态分析的基础，动态分析是静态分析的归宿。本书有机结合静态分析和动态分析，研究市场结构竞争演进的经济增长效应。

1.3.3.4　定性分析与定量分析相结合

定性分析是对质的分析，是分析事物的内涵、性质、特征、形式等的方法，而定量分析是对量的分析，是分析事物的数量比例及其变动关系的方法。经济增长包括量与质两个方面的因素，既有总量方面的考察，又有结构方面的分析，因而有必要进行质和量两个方面的研究，缺一不可。本书在模型推导和作用机制等定性分析的基础上，利用我国各省份面板数据进行双向固定效应、系统 GMM、面板工具变量和面板门限等计量方法进行定量分析。

1.3.4　结构内容

第 1 章　导论。从中国经济增长奇迹、理论研究不足两方面介绍本书的研究背景，以完善经济增长理论研究和更好指导经济增长实践阐述研究意义，对产业组织概念加以界定，提出"市场结构—企业行为—经济增长"的 SCG 研究框架，以及结构安排和创新之处。

第 2 章　理论基础。首先对经济增长思想和理论研究进行综述，引出产业组织的经济增长效应研究的必要性。其次对相关产业组织观点加以梳理，指出产业组织的经济增长效应研究的可行性。

第 3 章　市场结构竞争演进的经济增长效应。首先借鉴熊彼特关于企业家精神、产业组织创新的经济发展思想，分析市场结构从垄断向竞争演进过程中企业竞争行为的经济增长效应，借鉴罗斯托的产业间影响思想，分析市场结构竞争演进对其他产业的回顾效应、旁侧效应和前向经济增长效应；其次对我国省级面板数据进行实证分析；再次用彩电、轿车、电信业改革发展支持研究结论；最后分析市场进入壁垒对经济增长的影响。

第4章 销售努力的经济增长效应。分析销售努力促进消费的经济增长效应机制，基于中国各地区工业统计数据，采用面板数据模型分析方法，测算销售努力的经济增长效应。

第5章 企业研发的经济增长效应。分析研发投入的经济增长效应机制，基于中国各地区工业统计数据，采用面板数据模型分析方法，测算研发投入的经济增长效应。

第6章 纵向一体化的经济增长效应。对企业纵向一体化行为对经济增长的作用进行模型分析和机制分析，利用比亚迪公司进行案例分析。

第7章 经济增长经验和产业组织政策。总结我国经济增长的产业组织政策经验，指出发达国家实现赶超过程中的产业组织政策可借鉴之处，提出产业组织政策的内涵和原则，最后给出我国产业组织政策建议。

1.4 创新之处

第一，借鉴熊彼特关于企业家精神、产业组织创新的经济发展思想，分析市场结构从垄断向竞争演进过程中企业竞争行为的经济增长效应，借鉴罗斯托的产业间影响思想，分析市场结构竞争演进对其他产业的回顾、旁侧和前向经济增长效应，构建了产业组织的经济增长效应研究的分析框架。

第二，采用每万人企业单位数衡量我国31个省份的市场结构，对2014~2022年我国省级面板数据进行实证分析。研究表明：第一，市场结构竞争演进产生了正向的经济增长效应。第二，创新在市场结构竞争化促进经济增长过程中具有部分中介效应。研究结论对从经济结构视角和产业组织层面理解经济增长，更加全面客观评价国有企业贡献，深刻理解和坚持两个"毫不动摇"，加强反垄断和破除市场准入壁垒，持续发挥市场结构竞争演进的经济增长效应，推动我国经济实现质的有效提升和量的合理增长等方面的具有理论和现实意义。

第三，分析销售努力促进消费的经济增长效应机制，基于 2004～2022 年我国各地区工业面板数据，测算销售努力的经济增长效应。研究表明：首先，销售努力对经济增长具有促进作用。其次，销售努力的产出弹性为正，且大于研发的产出弹性。再次，销售努力通过回顾旁侧效应推动了批发零售业等部门增长。最后，销售努力对手机等耐用消费品的大众消费具有促进作用。研究结论对鼓励企业加大销售努力投入、提高销售服务质量、打击虚假广告促销等推动高质量发展的政策具有借鉴意义。

第四，分析企业研发投入的经济增长效应机制，基于 2014～2022 年我国各地区工业面板数据，测算研发行为的经济增长效应。研究表明：首先，企业研发投入显著促进创新专利产出。其次，企业创新专利显著促进新产品销售收入增长。再次，企业新产品销售收入增长显著促进工业经济增长。最后，企业创新专利和新产品销售收入显著提高了企业全要素生产率。上述研究结论有助于更加全面正确理解企业研发行为对经济增长的促进作用，对于进一步坚持企业研发创新主体地位，更加有效保护专利权，鼓励企业推出新产品促进全要素生产率提高，进而推动我国经济实现质的有效提升和量的合理增长等方面的具有理论和现实意义。

第五，利用销售商—制造商模型分析纵向一体化的经济增长效应，以钱德勒对美国大企业的研究为案例基础，提出纵向一体化的经济增长效应机制。

第六，系统总结国内外经济增长的产业组织政策经验，提炼出产业组织政策内涵，提出产业组织政策制定的八项原则，结合我国现状给出产业组织政策建议。

第2章 理论基础

2.1 经济增长理论研究

2.1.1 古典经济学的经济增长思想

古典经济学家从生产方面和供给方面讨论国家财富增加开启经济增长理论研究，后又拓展至需求方面，其中的经济增长思想至今仍值得借鉴。

配第在《赋税论》中指出国家组织闲散劳动力完善交通基础设施建设有助于工农业商品销售，强调国家交通投资利于扩大就业和产业发展，提出著名观点"土地为财富之母，而劳动则为财富之父和能动要素"，认为国家财富依靠土地、劳动两大生产要素，尤其强调劳动是其中唯一的"能动因素"，论述了发明独占权在发明人获得报酬、发明知识传播、商品标准化等方面的积极作用。配第在《政治算术》中提及生产集中节约时间、分工好处、产业收入差别及带动关系、政策进入壁垒的阻碍作用。配第是在对"一些具体经济问题所作的分析和建议中，提出了片断的经济理论"（陈岱孙，2014），涉及现代经济增长理论中的诸多要素，虽然这些思想不成系统，但为后来经济学家的增长理论提供思想渊源。

斯密在《国民财富的性质和原因的研究》中考察国民财富的增长，形成古典经济学对经济增长比较系统地论述。斯密认为国民财富增加的主要原因有两方面：一是增加劳动者的数量，这就需要先积累资本，从而增加劳动的雇佣；二是提高劳动者的生产力，生产力的提高得益于工具和机械的发明，取决于分工，而分工受制于市场范围。若要扩大市场范围，必须破除贸易壁垒，因此要鼓励国际贸易。斯密基于供给角度和微观角度的增长理论比较系统，具有启发意义，新古典经济增长和新经济增长理论中的许多理论都言称直接来自或最终追溯自斯密的思想。

李嘉图在《政治经济学及赋税原理》中对价值与财富进行了区分，论述了采用技术和改良机器的竞争对促进生产、国民财富增长、国家生产力提升的作用，并从工资和利润的分配角度考察了资本积累的制约问题。

西斯蒙第在《政治经济学新原理》中从需求的角度讨论了国民财富增长的制约因素，认为在国民财富增长过程中，国民收入通过调节国民开支进而调节生产，消费决定相等的或扩大的再生产，导致国民财富平稳或增长。类似地，马尔萨斯在《政治经济学原理》中着重分析了有效需求对经济持续增长的意义，认为即使有了供给方面的诸多因素，如果没有足够的有效需求，还是不能保证经济持续增长，"为了保证财富的不断增长，生产能力与分配手段必须结合"，并讨论了各种分配手段。

李斯特在《政治经济学的国民体系》中从考察国家财富的原因出发，肯定生产力在国家财富形成中的决定作用，论述法律秩序、科学艺术、保护关税提高生产力的作用，进而对国家财富具有积极作用，并认为除了分工，个体和产业之间的协作或联合对生产力具有同样重要的作用。

古典经济学家的增长思想丰富，然而论述不成体系，相对而言，马克思的经济增长理论更为系统。

2.1.2 马克思经济学的经济增长思想

马克思在《资本论》中在劳动价值论的基础上考察了社会总资本的

再生产过程，从而率先创立了动态的、长期的和科学的经济增长理论（社会资本的简单再生产相当于零增长、扩大再生产相当于正增长）。

马克思率先分析了社会总资本的再生产过程与单个资本的联系与区别，并指出社会资本再生产运动包括价值补偿和物质补偿，因此既受到社会产品的价值组成部分比例制约，又受到使用价值（物质形式）的制约。他将社会的总生产分为两大部类：生产资料部类（第一部类）和消费资料部类（第二部类）。而每一部类的资本都分为可变资本和不变资本。在此基础上，他考察了社会总资本简单再生产（剩余价值都非生产地消费掉）的实现条件：第一部类的可变资本与剩余价值之和等于第二部类的不变资本。他进而提出积累和扩大再生产的实现条件：第一部类可变资本价值、追加的可变资本价值与资本家用于消费的剩余价值之和，等于第二部类不变资本价值与追加的不变资本价值之和。费里德曼在马克思的社会再生产理论基础上，建立了第一个马克思经济学经济增长数学模型，并得出关于两个部类资本存量比率和投资分配的原理（吴易风，2007）。

随着经济增长理论越来深入到产业层面和企业层面，马克思关于积累和再生产的研究含有很多具有启发意义的经济增长思想，值得进一步挖掘：一是社会劳动生产率或者生产力水平提高是促进积累（剩余价值再转化为资本，即新增投资，也是扩大再生产的微观层面）的重要因素；二是追求剩余价值和超额利润促使企业追求不变资本使用上的节约、优化生产条件，具体包括生产集中、规模经济、废料再利用、机器改良和发明；三是缩短资本周转时间、提高剩余价值的方法，一方面是提高劳动生产率、缩短生产时间，另一方面是改进交通、缩短流通时间；四是商品的社会需要本质上由不同阶级的互相关系和它们各自的经济地位决定。

2.1.3 新古典经济增长理论

新古典经济增长理论是建立在边际革命后的新古典经济学和凯恩斯革

命后的宏观总量经济分析基础上的。哈罗德和多马分别试图将总量分析运用到经济增长的研究中，虽然他们的分析角度不完全相同，但最终表达形式相近，拉开了现代经济增长理论研究的序幕。以索洛为代表的经济学家为了修补哈罗德的悲观结论，把边际生产力理论和总量分析结合，建立起了新古典经济增长理论。

哈罗德在《动态经济学》中试图把凯恩斯的短期宏观分析动态化和长期化，来考察收入的增长问题。他用储蓄倾向和实际的边际资本——产出率的比值表示实际的经济增长率，用储蓄倾向和企业家意愿的边际资本——产出率的比值表示有保证的经济增长率，用人口变化率和生产率的提高来决定充分就业时的均衡经济增长率，当这三种收入增长率相等时，经济实现充分就业状态下的均衡增长。这种均衡分别由不同的因素决定，不但达到的机会渺小，而且基本上是不稳定的，没有一种机制使不均衡的情况向均衡靠拢①。多马虽然从不同的假定开始，但是他的形式化表达类同于哈罗德的结论，因此两人的理论并称为"哈罗德—多马"增长模型（琼斯，1994）。

Solow（1956）在哈罗德—多马增长模型的基础上，修正了技术短期不变的假定，把凯恩斯的总量分析和边际生产力理论融合在一起，索洛采用总量的生产函数来计算总产出，其发展的模型可以实现稳定的均衡经济增长。索洛模型经过其他经济学家的发展和完善，形成了新古典经济增长模型。Solow（1957）在新古典增长模型的基础上，指出经济增长的原因有二——生产要素投入的增长和技术的进步，测算美国经济增长原因后，发现经济增长87.5%归功于技术进步，12.5%归功于要素投入的增加。尴尬的是，归功于技术进步的最重要的增长原因在新古典经济增长模型里却是外生决定的，技术进步的份额被称作"索洛余数"，后来发展出来的新

---

① 哈罗德声称模型是建立在"投资总是必然等于储蓄"基础上的，但是如果我们用投资（而不是储蓄）来论证"实际的经济增长率"和"有保证的经济增长率"能否回到均衡时，会得到与哈罗德相反的结论，如当"实际的经济增长率"偏高时，经济主体会降低投资，从而降低产出进而为经济降温。

增长理论就是为了使得技术进步内生化。

2.1.4 新经济增长理论

新经济增长理论为了弥补新古典经济增长理论留下的理论空缺，解释导致经济增长的主要原因——技术进步，并进一步模型化。

Romer（1986）提出了包含知识的长期经济增长模型，知识被假定为一种生产投入，可以提高要素的边际生产率，该模型是内生技术变化的竞争均衡模型，经济增长可以随着时间而持续，其中微小的搅动效应能被私人企业的行为放大，因而经济规模大的国家常常比经济规模小的国家实现快速的经济增长，经济增长证据也支持了上述推论。Romer（1987）借鉴斯密和马歇尔的思想，提出了以专业化的递增报酬为基础的经济增长模型。Romer（1990a）认为经济增长是通过企业有意识投资导致的技术变化驱动的，技术作为一种投入既非传统产品也非公共产品，而是非竞争性的和半可排他性产品，完全竞争的假定不再适用、经济增长均衡是垄断竞争均衡，模型认为人力资本的积累决定了经济增长率，通过连接世界市场的国际贸易可以提高经济增长率，但人口增加不一定导致经济增长，次优政策是资助人力资本的积累，实证分析结果表明人力资本存量导致快增长，发展中国家由于低水平人力资本而增长缓慢。

Grossman 和 Helpman（1991a）发展了重复产品改良模型。每个产品遵循在质量阶梯上的随机进步，而各个部门间的进步并不一致，因此质量的分配随着时间不断进化，经济增长率与研发部门的利润刺激相关。Grossman 和 Helpman（1991b）发展了一个两国家内生创新和模仿模型，北方公司竞赛带来新一代的技术密集型产品，每个产品潜在能被无限制改良，但是质量改进需要资源投资，并承担成功的不确定性，南方公司投入资源学习北方研制产品的生产过程，所有的研发投资决定由盈利最大化的公司做出，因此政府促进学习改良的政策能促进经济增长。

Aghion 和 Howitt（1992）以垂直创新发展了内生经济增长模型，创新来自于竞争性的研发部门，组成增长的潜在源泉，未来研究使当前研究挫败、破坏当前研究的租金，经济增长率是创新规模、技能劳动力和研发生产率的增函数，是代表性个人的时间偏好的减函数。

卢卡斯（2003）认为新古典增长模型在两个问题上解释力薄弱，一是对跨国经济增长差异解释力不足，二是预言资本劳动比和要素价格趋同与现实不符，指出技术差异是新古典增长理论唯一能解释收入水平和增长率差异的因素，必须考察个人获取知识的决策及其对生产率的影响，并通过引入人力资本，考察人力资本的内部效应和外部效应，构建模型将工人的劳动时间分配在人力资本积累部门和商品生产部门，用人力资本积累解释经济增长原因，各国经济增长的差异和移民活动均是由于人力资本差异和人力资本外部性，认为以竞争的市场环境吸引国外投资有助于消除国别之间的经济增长差异。

Barro（1990）把政府支出包含在经济增长模型中，税收等政府服务将影响经济增长，当影响消费者效用的政府支出增加时，增长率和储蓄率下降，当影响生产的政府支出上升时，增长率和储蓄率先升后降，当有收入税时，分散选择的增长率和储蓄率都偏低，国家间的经验证据支持了政府支出和经济增长的一些推论。Barro（1991）实证分析了 98 个国家在 1960~1985 年的人均 GDP 增长率与初始人力资本正相关，与初始人均 GDP 水平负相关，高人力资本的国家拥有较低的人口出生率和较高的物质资本投资率，经济增长与政府消费占 GDP 的比率负相关、与公共投资的比率显著正相关，经济增长率与政治稳定性正相关、与市场扭曲负相关。Alesina 和 Rodrik（1994）采用内生增长模型研究政治与经济增长的联系，发现财富和收入越不平等、税率越高，增长率越低。Bee-Lon Chen（2006）用单部门内生增长模型研究公共投资和公共消费间的最优结构及其与经济增长的关系，发现政府配置更少的钱在消费上，配置更多的钱在生产性支出，能带来更多的正长期增长效应，政府引导公共投资能促进经济增长，研究结论能较好地解释东亚经济增长奇迹，东亚地区的公共投资份额和经济增长都快于其他地方。

新经济增长理论是基于总量生产函数和均衡的状态下考察经济增长，

经济增长相关研究还包括非均衡和演化经济视角。

2.1.5　非均衡经济增长理论

非均衡的经济增长理论对原有的市场出清假设和产业同步发展假设作了修正，提出了值得发展中国家借鉴的思想，其中代表人物有罗斯托、钱纳里和贝纳西等。

罗斯托（1988）提出主导产业对经济增长的重大意义，认为现代技术采用趋于在一系列主导部门进行的形式，新技术与新生产函数引起若干部门高速增长，导致平均增长水平相对稳定。罗斯托通过分析生产理论的组织层次，对单部门之间联系以及经济、技术、企业历史深入考察，认为经济增长研究不能只停留在总量水平层面，各个部门均假定同一速度不能满足对经济增长的研究要求，经济增长的总量研究必须深入到产业，去发现"主导产业"及其回顾效应、旁侧效应和前向效应，产出高增长可能来自存量产品生产成本下降，或高需求收入弹性的新产品问世，四个导致经济增长减速的因素分别是技术缓慢、工业阻碍、融资限制和低成本竞争。

钱纳里（1991）在考察工业化过程时将每个工业部门的增长分解为国内需求效应、出口扩张效应、进口替代效应和技术变化效应四个因素，采用外生变量和结构参数进行表达，为部门增长分析提供思路和基础。钱纳里等（1995）认为一国的经济增长的原因除了要素积累，还包括资源再分配和出口，按照结构主义观点的回归分析表明，资源再分配对增长的贡献率约占20%，出口的贡献率也很高，而资本增长和劳动力增长的贡献都较新古典模型有所下降，全要素生产率的贡献可以降到很低，生产率变化的原因包括产业与工厂的组织、工程技术诀窍、针对生产过程中断及短期内开工能力受影响而做出的变动。

贝纳西（2005）放弃了原有市场时刻出清的假设，以同时考察价格信号和数量信号的更一般有效需求来代替只考察价格因素的瓦尔拉斯需求，假定基础科学的进步是给定的，考察不完全竞争本身是否影响经济增长，发现经济竞争性越弱，物质资本与人力资本两种积累要素的报酬越低，家庭积累激励降低，从而导致内生增长模型中较低的经济增长率。

演化经济学派的经济增长模型旨在将微观层次的企业行为和宏观经济增长统一起来。纳尔逊和温特（1997）的演化增长模型认为，企业是具有多种能力和决策规则的行为主体，在市场环境中企业从事"搜寻"和选择从而决定采用何种技术，进而决定投资和雇佣劳动力开展生产，基于以上假设，采用马尔科夫方法通过计算机程序模拟新古典经济增长模型所进行的经济测算——索洛对于美国近四十年经济增长的估计，结果表明基于演化的增长模型可以用来考察宏观现象，而且具有广泛承认的微观行为规则作为理论基础，在沟通宏观和微观的理论道路上进行了一定的探索。

在纳尔逊和温特的研究基础上，其他的演化经济增长模型无论是微观演化模型还是宏观演化模型，都着重分析技术创新或者研发的作用和表现，但很少涉及定价行为以外的其他企业行为（盛昭瀚和蒋德鹏，2002）。

2.1.6　国内学者的相关研究

在西方学者对经济增长研究的基础上，我国学者或者运用已有的经济增长模型作实证分析，或者对已有的经济增长模型进行一定的修正，推动经济增长理论和实证分析的发展。

关于投资与经济增长，蔡昉和王德文（1999）基于费里德曼模型分析我国改革前的经济发展战略和投资饥渴症，解析劳动力数量增长、人力资本积累与就业结构转变对经济增长的贡献，以及人力资本对持续经济增长贡献的巨大潜力，测算发现 1982~1998 年物质资本贡献为 29.02%，劳动力贡献为 23.71%，人力资本贡献为 23.70%，劳动力配置的贡献为 20.23%，技术进步的贡献为 3.34%。张军（2002b）计算了改革以来中国实际资本—产出比率的变动模式，发现资本—产出比率的增长率与经济增长率之间存在发散变动模式，资本的形成在很大程度上对经济增长的变动不太敏感，反映出政府力量在资本形成中扮演重要角色，同时意味着"资本深化"的加速是 20 世纪 90 年代中期经济增长持续下降的主要原因，资本深化速度过快，资本边际收益递减过快，导致了经济增长速度的降低。郭庆旺和贾俊雪（2006）建立了一个包含政府公共投资的两部门内生增长模型，把公共资本投资分为政府物质资本投资和人力资本投资，进而分析公共资本投资的长期经济增长效应，模型显示公共资本投资对长期经济增长的效应取决于消费跨时替代效应的大小，通过对 1978 ~ 2004 年公共投资对经济增长影响的实证分析，结果显示政府的物质资本投资对经济增长的正影响显著，人力资本投资对经济增长的正影响较小。郭广珍等（2019）构造了一个交通基础设施同时影响生产和消费的增长模型，揭示了道路基础设施通过促进私家车消费，进而改变居民消费结构，最终推动经济增长的机制，利用 2000 ~ 2012 年的省级面板数据实证研究发现道路和道路基础设施投资不仅可以直接通过乘数效应促进经济发展，还可以通过提高居民消费中私家车数量及其所占比例（消费效应）间接推动经济增长。

关于人力资本与经济增长，朱勇（1999）借鉴了新增长理论中的人力资本和知识溢出模型，构建了一个人力资本部门内溢出增长模型，人力资本溢出直接促进人力资本积累，而不是提高最终产品的生产率水平，因此人力资本溢出的主要表现在人力资本生产部门内部，当部门内溢出效应抵消固定生产要素导致的生产率水平降低时，经济持续增长，提高经济增长率的政策建议需要基于使私人企业对人力资本生产的激励上升，比如减税、提高资源投入、补贴、取消劳动力流动限制、促进产学研以及提供信息服务。潘士远和史晋川（2001）通过引入对社会资本的假设，指出社会资本的知识差异程度和学习能力是溢出效应的决定前提，正效应为知识溢出、负效应为其他企业利润损失。杨立岩和潘慧峰（2003）构建了一个将知识分为基础科学和应用技术的经济增长模型，探讨基础科学研究在经济增长中的作用，认为人力资本存量决定基础知识增长率，经济增长率和基础科学知识增长率成正比，因此政府需要对基础科学研究进行一定的补贴和资助。杨立岩和王新丽（2004）构建的内生增长模型将卢卡斯和罗默的经济增长思想进行融合，以解释人力资本积累和技术进步共同推动经济增长的机制。杨建芳等（2006）采用教育和健康两个指标度量人力资本，考察人力资本的积累速度和人力资本存量对经济增长的影响，采用1985~2000年中国地区的经验数据实证分析人力资本积累、存量和形成要素（教育和健康）对中国经济增长的影响。

关于研发创新与经济增长，李子奈和鲁传一（2002）区分技术创新和管理创新概念，分别测度劳动、资本的质量提高的贡献，并用剩余表示管理创新的贡献。吴延兵（2006）利用中国四位数制造产业数据研究发现R&D对生产率有显著正影响，高科技产业的R&D产出弹性显著大于非高科技产业的R&D产出弹性。严成樑和龚六堂（2013）构建包含基础研究和应用研究的R&D驱动经济增长模型，指出R&D规模越大、经济增长率越高，基础研究支出占R&D总支出的比例越高、经济增长率越高，省际面板数据分析发现基础研究更有利于促进我国经济增长，高等学校R&D支出对我国经济增长的促进作用更显著。

关于企业家精神与经济增长，鲁传一和李子奈（2000）分析了企业家在新古典经济理论中消失的过程和原因，企业家精神引入经济增长理论的可能性，提出将企业家精神引入经济增长理论。庄子银（2003）在南北贸易的框架下发展了内生增长模式，认为从事模仿活动的南方企业家是长期经济增长的关键因素，强调知识产权保护程度对南方模仿活动的作用，发现拥有较多企业家的经济比拥有较少企业家的经济有更高的增长率，因此影响企业家数量、企业家活动范围的政策和相关制度环境会最终影响一国的增长率。李宏彬等（2009）利用中国1983~2003年省级面板数据实证研究了企业家的创业和创新精神对经济增长的影响，结果显示企业家创业和创新精神对经济增长有显著的正效应，企业家精神促进了经济增长。刘志永等（2020）基于中国1996~2017年省级面板数据实证分析企业家精神、地方政府和经济高质量增长的关系，发现企业家精神对经济高质量增长具有显著的直接促进效应和通过影响地方政府进而影响地区经济高质量增长的间接效应。王文举和姚益家（2021）基于 2001～2017 年中国省级面板数据研究发现企业家精神显著地促进了经济高质量发展，当地方政府制定越高的经济增长目标时，企业家精神对经济高质量发展的促进作用越弱。胡厚全（2022）认为企业家精神是经济增长的动态因素，企业家精神的延续是造成经济增长中区域路径依赖现象的重要原因，从中国历史的角度解释改革开放后企业家精神的来源和企业家创业的激励机制，并实证分析其对经济发展水平的影响。

关于产业结构与经济增长，张衔和程民选（2001）利用部门转移—分享分析法，分析东西部产业部门的经济增长和正负转移净额，借此选择出具有竞争力的部门，指出应加快西部地区的市场化进程，以降低农业产出比重、提高农业产出效率为切入点，调整产业结构提高西部地区部门增长率。刘伟和李绍荣（2002）对中国经济的实证分析说明，过去中国经济的增长主要是靠制度改革由第三产业拉动的，然而第三产业的结构扩张会降低第一产业和第二产业对经济规模的正效应，因此只有通过提高第一产业和第二产业的效率才能获得长期稳定的经济增长。付凌晖（2010）提出一种新的产业结构高级化度量方法，并对我国 1978～2008 年产业结构升级与经济增长的关系进行实证分析，发现我国经济总量增长明显带动了产业结构升级，而产业结构高级化对经济增长的促进作用并不显著。刘伟和张辉（2008）将技术进步和产业结构变迁从要素生产率中分解出来，实证度量产业结构变迁对中国经济增长的贡献，发现产业结构变迁对中国经济增长的贡献一度十分显著，但随着市场化程度的提高，产业结构变迁对经济增长的贡献呈现不断降低的趋势，逐渐让位于技术进步，但并不表明市场化改革的收益将会消失，我国完善市场机制的工作仍然任重而道远。干春晖等（2011）发现产业结构合理化和高级化进程均对经济增长的影响有明显的阶段性特征，产业结构合理化与经济增长之间的关系具有较强的稳定性，而高级化表现出较大的不确定性，我国产业结构合理化对经济发展的贡献要远远大于产业结构高级化。

在经济增长研究其他方面,梁东黎(1999)从需求方面的相对价格角度解释经济增长,考察了企业、行业和开放经济等不同层次考察经济增长的侧面,指出经济增长的基本模式是生产者使市场需求曲线向右移动,进而按高价格销售更多数量,而其背后的动力是生产者创新。梁东黎(2005)采用矛盾分析法将经济分为产业扶持和产业限制两部分,从两种政策手段分析产业结构政策的增长效应和作用条件,以及分配效应和优化效应,对产业政策的成本收益进行了探讨。梁东黎(2007)认为市场经济中经济增长决定于需求,在包含需求约束的增长模型中,技术进步投入增加不一定导致增长,而需求价格弹性对增长有一定作用。张明海(2002)利用不变弹性生产函数,从全要素生产率导致的经济增长份额中分离出市场经济带来生产率的改进推动经济增长的贡献份额,要素替代弹性的提升表明市场化程度的提高,较高的要素替代弹性导致较高的增长率和 GDP 水平,因此市场化改革推动了生产率提高。杨德权(2005)放弃总量生产函数,同时定义与生产要素异质性相容的经济效率,在国民收入核算恒等式基础上建立描述经济增长过程的效率竞赛模型,通过分析消除效率瓶颈的微观途径与行为主体的关系,探索经济增长过程的微观机理,进而分析自改革开放以来中国经济增长和经济转型的过程,给出基于效率竞赛模型的理论解释。

2.1.7 简要评论

综上所述,经济增长理论存在以下不足和可拓展之处:

第一,微观基础研究存在不足,研究需从产业间结构向产业内结构的深入。从新古典的经济增长理论至今,经济增长理论多从总量函数进行研究,罗斯托(1988)虽然指出了从主导产业开始研究经济增长的观点,但主导产业内部企业间对经济增长影响的作用机制没有得到进一步研究。钱纳里指出经济增长过程中工业化的重要作用,但也只分析到产业间结构的层次,没有深入到产业内部结构(钱纳里,1991;钱纳里等,1995)。库兹涅茨(1985)的研究表明经济结构的高级化与经济增长的关系,代表先进生产效率的第二产业和第三产业比重的增加可以带动整体经济的生产率上升，从而实现经济的增长，因此在实践中我们比较注重产业结构的优化。然而，产业结构的优化归根结底是要通过企业的发展壮大来实现的，这就要求我们关注和利用产业组织政策。经济增长理论缺少从企业之间的竞争与垄断关系层面的考察，因此对经济增长的理解就有待完善。主导产业的发展是产业组织内部的表现，是产业内部企业行为的结果。因此，对于产业组织的研究可以寻找到经济增长的微观基础，考察经济增长的视角需要从产业间的结构深入到产业内部的结构——市场结构与企业行为。若要理论成功的指导实践，经济增长理论框架必须具有坚实的微观基础：如分析产业结构间的资源配置，可以看到其推动机制是产业组织产生的回顾、旁侧和前向效应；而出口这样一个经济现象，其实包含了竞争程度的增加，包含了向先进技术的学习和模仿；至于全要素生产率的提高，可以分解为竞争程度提高、产品创新、工艺创新、市场开拓、组织再造等，因此需要深入到企业行为层面。

第二，对于需求方面研究不足。从新古典经济增长模型着重于总量生产函数的分析至今，经济增长理论偏重于研究企业产出的影响因素，而对需求方面研究重视不够。贝纳西（2005）虽然将不完全竞争融入影响要素利用水平与增长率层面，但只涉及中间产品，没有分析最终产品市场的影响因素。替代性（或产品差异）已经进入到经济增长的分析中，但深入程度不够，产品差异度对经济增长的机制尚不清晰，需要从产业组织的视角更细致地分析经济增长机制，如将产品差异与需求弹性相结合来研究经济增长，因此，从产业组织的角度具有探索和研究空间。事实上，企业的销售努力主要是用来影响消费者需求的行为，仅在产业组织的理论中得到发展，值得经济增长理论借鉴。所以，深入对需求方面的研究也需要从产业组织开始。

第三，存在需要解决的争论。虽然已有的理论研究表明竞争程度（或垄断程度）对经济增长有某种影响，但存在几个悬而未决的问题。一方面，竞争程度对经济增长的作用是促进还是阻碍仍然没有形成定论，有的观点认为竞争有利于创新激励，有的观点认为竞争不利于创新能力的积累。另一方面，竞争程度对经济增长的作用机制的研究尚不完善，有的研究着重于研究竞争对创新以及人力资本积累的作用，但竞争度提高是一个过程，因此从动态角度对竞争程度和经济增长的研究还有待完善。

第四，政策建议的操作性有待提高。传统经济增长理论强调投资的重要性，但是对投资的发起者和投资主体研究不够，对投资的产业顺序和投资在一个产业中的企业间如何分布没有给出详细的分析，而这些问题对于发展中国家在缺乏资源、市场有待发展的情况下十分重要。可能产生的投资效率低下、投资过快或投资不足问题，会对一国经济增长产生不利影响。为此，必须深入到产业组织内部去研究投资与经济增长，去发现产业组织演变过程中的制约因素，为政策建议提供有利的理论指导，从而提高政策的针对性和有效性。

因此，必须深入到产业组织内部来研究经济增长。事实上，经济学家从产业组织的角度探讨经济增长，已经做出了一些初步的尝试和探索，比如马歇尔、克拉克、熊彼特和我国的一些学者，这些探索具有一定的启发意义，但更多的是提出的研究视角和研究方向，仍然存在拓展空间。

2.2 相关产业组织观点

对产业组织的经济增长效应研究可以追溯到马歇尔、克拉克和熊彼特，国外其他经济学者和中国学者在这方面也有一些研究成果。

2.2.1 马歇尔的论述

首次提出组织作用于经济增长（财富积累）的经济学家是马歇尔。在《经济学原理》中，马歇尔在第四篇题目把组织作为第四生产要素，并指出组织的几个层面——国家、产业和企业。在"工业组织"一章中，他详细论述了工业组织中的多个方面——分工、机械、企业制度、地区聚集等，对后来的经济增长理论和产业组织理论产生了深远的影响。

2.2.1.1 第四生产要素组织及其形式

马歇尔将组织列为继资本、劳动、土地的第四生产要素，指出组织对知识的积极作用，论述了组织的几种形式。"知识是我们最有力的生产动力；它使我们能够征服自然，……组织则有助于知识，他有许多形式，例如单一企业的组织，同一行业中各种企业的组织，相互有关的各种行业的组织，以及对公众保障安全和对许多人提供帮助的国家组织"。马歇尔将组织从资本抽象出来，并论述了资本和组织的相互作用关系，之前的经济学家没关注组织，但他认为把"组织"从资本中抽象出来是合理的，而组织私有和公有是有区别的。

马歇尔的组织概念包括了企业内的组织（企业管理）、产业内部企业之间的组织（企业间竞争关系）、相关行业内企业间的组织（企业上下游关系）和政府机构组织运作。这个包罗万象的组织概念中的一部分即产业内部企业之间的组织——竞争与垄断，被后来的哈佛学派发展为 SCP 框架（夏大慰，1999）。而科斯（1994）在论述企业与政府之间分工的时候，重新发现了马歇尔关于组织概念的其他方面，并赋予这些组织之间相互替代的关系。现代产业组织理论关于企业行为的论述则包括企业内组织、同一产业内企业间组织、产业间的企业上下游之间的组织关系，并以博弈论等现代工具分析这些组织形式。

如果把组织作为一种生产要素，可认为这种生产要素对于经济增长是具有作用的，因此有必要探寻产业组织对于经济增长的作用机制。可以说，马歇尔关于组织的要素论为我们探究产业组织的经济增长效应提供了理论基础，指出了探索方向。

2.2.1.2 组织视角重要性

关于组织视角的重要性，马歇尔明确指出"经济学家因在社会组织——特别是工业组织——与高等动物的身体组织之间所发现的许多奥妙的相似点，而得益不浅"，从而肯定了社会组织尤其是工业组织研究的重要性，然后提出社会有机体的发展"一方面使它的各部分之间的机能的再分部分增加，另一方面使各部分之间的关系更为密切"。具体而言，在微分方面，"在工业上表现为分工、专门技能、知识和机械的发展等形式"；在积分方面，是组织有机体的各部分之间关系密切性和稳固性的增加带来效率（表现为部门间协调支持、交通改善等）。

2.2.1.3　组织提高资本和劳动效率的途径——内部经济和外部经济

马歇尔认为工业组织能提高资本和劳动的效率。一种货物生产规模扩大产生的经济来自内部和外部两个方面。马歇尔分析了机械零件配换制促进分工的机制，讨论了机械改良和需求扩大促进分工。分工经济取决于市场规模，分工经济产生企业内部经济，而内部经济会形成有限的垄断，之所以称为有限，是因为价格过高会引起竞争者出现。内部经济导致产业集中，两三家企业瓜分整个产业。虽然大企业会逐渐不振，大股份公司这种组织形式会减缓这种速度。因此，可以说企业组织形式——大股份公司，对产业组织变化具有作用，可以减缓集中到分散的速度。产业生产规模扩大产生的经济，需要产业间协助和交通便利作为条件。

马歇尔认为组织改进产生报酬递增率，即"劳动和资本的增加，一般导致组织的改进，而组织的改进增大劳动和资本的使用效率""劳动和资本的增加，一般使得报酬有超过比例的增加"。农民得自组织的好处主要有：一是获得市场交换利益、知识、医疗、教育和娱乐便利，二是缓解边际报酬递减作用下人口对生活资料压力的影响。

组织作为一种生产要素能促进资本和劳动的生产率，这是马歇尔关于组织促进经济增长的主要思想，而产业集中是经济增长中伴随而产生的现象，对于集中和垄断限于时代，马歇尔没有给出其对经济增长的作用分析。马歇尔着重论述的是工业组织内部——企业内分工和机械的作用。马歇尔认为有效的工业组织的条件是分工和机械采用，分工后工作的单一化会被机械采用替代，而机械的效率需要足够的工作去保证。即足够的规模才能产生机械的生产效率，这带来了企业的内部经济。企业的外部经济因产业集聚而产生，集聚意味着劳动资本投入和企业数量上升以及市场结构竞争性，其中企业间的模仿效应可以使企业迅速发展。虽然关于分工和机械的论述主要是关注企业内部的经营，但是他指出规模与效率的关系，仍然启示我们去探究产业集中程度与经济增长的关系，而产业集聚不但包含了企业间的模仿效应，而且还包含了企业间的高度竞争性，这也是产业组织和经济增长的重要中介和现实表现。所以说，马歇尔的研究即使不能直接揭示产业组织的增长效应，但仍然启迪我们去进一步探索。

2.2.1.4 企业规模的优劣分析

马歇尔论述了企业规模的不同优势：大企业和小企业有着不同的优势，大企业能辐射更大范围的市场，在采购和运输上具有规模经济，而小企业比较灵活而且较少存在官僚主义；大企业和小企业领导人各具优势，小企业可以利用营业知识模仿优势；大企业扩张的两个条件——规模生产经济和有足够销路，销路限制大企业扩张，必须花费巨大销售费用；大企业的领导人存在严重的继承问题，完全继承（继承所有和员工的关系）的困难导致企业组织形式改变，如采取加入合伙人等。

马歇尔以销售企业为例，分析大企业与小企业的各自优势。在论述大公司的必要性时，马歇尔指出运作程序与生产方法必须大资本，市场范围和作用使得技术便于处理大量货物，并讨论了卡特尔和托拉斯。大企业存在复杂的科层导致的效率低下，而小企业必须面对高大的进入壁垒，若要改变各自的困境，大企业需要组织再造，而小企业需要集中或者金融的支持。这些思想为后来的产业组织理论提供了丰富的素材，也为产业组织内的企业整合——纵向一体化和横向一体化对经济增长的作用机制提供了思想基础。

2.2.1.5 企业规模经济导致垄断与"马歇尔两难"

马歇尔分析了企业组织内的规模经济效应，这种效应会导致垄断的产生，然而垄断是有违竞争效率的（虽然奥地利学派认为这种垄断形式不是真正垄断）。这个被称作"马歇尔两难"的机制推动着产业组织理论的发展。马歇尔认为这是暂时现象，垄断企业因技术进步或企业家不能传承而无法维持垄断地位，长期中仍然是市场机制决定资源配置。但他后来又感叹英国没有像美国和德国那样大规模的垄断组织，并主张英国建立垄断从而促进技术进步。其中包含的经济增长思想，被新增长理论经济学家不断挖掘，如 Romer（1987）指出他的思想得益于马歇尔对分工和规模经济的论述。在讨论集中和规模经济的过程中，他加入了关于不同企业规模的优劣势分析，这些分析为进入壁垒理论和组织内部科层理论提供了最初的基础。

马歇尔明确提出了组织的要素概念，虽然没有明确提出产业组织对经济增长的作用，但其中的诸多论述暗含了不少可供挖掘之处。同时期的美国经济学家克拉克则提出了产业组织概念，并试图揭示产业组织和经济增长的关系。

2.2.2 克拉克的论述

克拉克的《财富的分配》中包含了关于产业组织的论述，为理解经济增长提供了一些思路。他常常用团体来代指产业，主要观点涉及产业组织形式变化与经济社会成长、产业组织形式变化的表现、动态经济的变化与组织等。

2.2.2.1 产业组织形式改变引起社会机构反应

克拉克把产业组织形式变化看作引起社会机构变化的原因之一。"人口不断地增加；资本不断地增加；生产方法不断地改善；产业的组织形式不断地改变，效率低的工厂等被淘汰了，而效率高的仍然存在着；消费者的欲望不断地增长"五项外生变化，改变了交换经济学所要研究的团体制度的安排，改变各个产业团体相对的大小，对社会的组织发生作用。按照这样的机制，如果把经济增长看作社会机构变化的表现或者结果，产业组织形式变化对经济增长产生作用。其中除产业组织形式变化，另外四个方面构成了后来经济增长理论研究的主体概念，包括导致经济增长的投入要素——人口和资本的积累，促进经济增长的技术方面——生产方法，引致经济增长的需求方面——消费者欲望的增长。根据克拉克的论述，可以认为，产业组织形式连通供给和需求两个方面，具备整合资源——资本、人口、生产方法的作用。

2.2.2.2 产业组织形式变化表现

克拉克对产业组织形式的论述主要观点为：大的企业越来越大，吞并了小的企业，表现为产业不断集中着。同机械一样，集中是劳动和资本的形式，但集中并不消灭竞争。这里提到市场结构的集中，从完全竞争趋向垄断竞争或寡头垄断，其与马歇尔观点不同，而类似奥地利学派和熊彼特的观点，可以看作芝加哥学派和可竞争理论的思想渊源。产业组织的形式被看作竞争的动态表现，既有企业的死亡，又有合并与集中，还有竞争不断走向垄断竞争或者寡头垄断。

2.2.2.3 产业组织形式变化对经济增长具有促进作用

克拉克关于动态经济变化的论述包含着现代意义的产业组织和经济增长思想。经济增长是"生产要素不断向小团体运动"。更重要的是结构变化导致生产机能改变，导致更加经济（低成本）生产更多数量和种类的商品，创造能力和使用能力均向上发展，机能变化是动态本质。社会的发展在于新组织——新企业、新行业的产生，这里的新组织就像是生物的新细胞一样成长。生产方法和组织形式不断变更，新产品不断地制造出来。换句话说，克拉克认为的经济增长和社会发展，是新企业、新产业等新组织推动新技术、新管理生产质优或价廉的新产品带来的。进一步地，经济增长是生产要素不断形成新产业的过程，是产业组织过程、产业结构演变和资源配置变化过程。新的资本和劳动力必须顺应市场中的组织成长，盲目的投资不会对经济增长起作用、造成浪费。新产品的生产，不只需要技术上的变化，也需要产业组织形式等组织形式的变更。

克拉克的论述中包含了经济增长和经济发展的思想，与熊彼特的经济发展理论有相似之处，从中可以看到产业组织导致经济增长的可能性和潜在的机制，但克拉克没有分析产业组织的主要内容、核心概念和具体作用机制，只是指出劳动和资本的生产组织形式不断改变着，那么如果阻碍组织形式改变，或者组织形式不随着企业生产技术和市场需求变化而改变，可能会阻碍经济和社会的发展。克拉克主要想表达生产组织形式具备促进经济发展的作用，因此不能限定组织形式，比如规模经济、纵向一体化、下承包制，虽然规模经济会提高集中度，虽然纵向一体化会也会扩大单个企业规模，虽然下承包制看似违反规模经济，但也不能违反的经济趋势，其对于深化垄断的认识、集中度的认识以及反垄断政策的制定等是有意义的，基于此，就不会随意对垄断进行定义，并对某些大企业进行反垄断调查，从而降低企业竞争力。

综上所述，克拉克明确地把产业组织并列于导致经济增长的因素，其关于经济成长和社会发展的观点，对于新产业的产生和发展的论述，为本书启发思路。

2.2.3 熊彼特的论述

熊彼特关于产业组织与经济增长的思想内嵌在创新理论和经济发展理论当中，并在不同的研究场合提到了种种产业组织的形式和表现。

熊彼特在《经济发展理论》中认为"实现任何一种工业的新的组织"是一种创新，而经济发展的实质就是整个社会不断实现和执行新的生产要素组合。在《资本主义、社会主义与民主》中指出工业的新组织就是产业组织的变化，因此产业组织的经济增长效应研究是必要可行的。

关于工业的新组织具体表现，熊彼特提到，"工业的新的组织"包括或者说表现为：造成一种垄断或打破一种垄断，企业合并，价格的卡特尔制度等。熊彼特的思想来自对经济历史发展的观察总结，不但为经济增长研究提供了新视角，而且提供了验证经济增长理论的依据。

关于市场结构与研发创新的论述，熊彼特认为高的市场集中度不仅不会阻碍创新和经济增长，而且垄断竞争的模型更符合实践，尤其是工业实践，而完全竞争只是农产品市场的模拟。与高市场集中度相对应的大企业，会有积极性设立研发部门，并投入大量人力、物力从事研究进而创新的事业。沿此思路，市场集中度从完全竞争提高到垄断竞争可能会促进经济增长。市场结构已经成为产业组织理论的核心概念，如果市场结构影响研发与创新，创新促进经济增长，那么我们就能获得从市场结构出发研究经济增长的机制，市场结构到经济增长的作用机制将为本书研究提供重要的思路。

综上所述，熊彼特对创新和经济发展的研究为产业组织的经济增长效应的研究提供重要思路。

2.2.4　国外其他学者的研究

日本、韩国的经济赶超和市场结构特点，使经济学家开始关注市场结构和工业增长的关系。宫崎义一从融资和形成企业集团的角度，分析日本经济增长如何建立在大企业寡头独占的基础上（泰萨·莫里斯—铃木，2000）。张军和哈勒根（2002）分析了韩国汽车行业初期限定三家企业进入，取得了较好的产业绩效。值得研究的是，发展中国家在有限的资源总量下，企业数目少、市场结构集中度高可使单个企业快速突破资本规模壁垒，开启新行业生产，可能实现更加快速的经济增长。

随着统计数据的完善，经济学家实证分析国际贸易导致市场放开——市场结构改变带来的生产率改善，James 和 Schmitz（2005）研究了美国和加拿大采矿石业生产率的改变，认为其中原因在于对外贸易放开导致的市场结构改变，而微观原因是生产流程的改善。这为从市场竞争度和企业组织角度分析生产率提高和经济增长提供了参考。

新增长理论（Romer，1987，1990a；Barro，1990；Grossman 和 Helpman，1991a；阿吉翁和霍伊特，2004）对市场结构假设也做出了一定的修正，但对垄断和竞争的市场结构作用存在争议，同时对企业组织和管理、产业组织以及国家放松管制没有深入研究。另外，经济学家又呼吁把管理和组织放入经济增长因素中（Stern，1991）。

可见产业组织的经济增长效应分析能从市场结构演变入手，而市场结构又由企业行为所致，因此也要深入分析企业行为。

2.2.5　国内学者的相关研究

从产业组织的角度研究经济增长的国内学者主要有杨宏儒、谢地、程玉春和龚新蜀等。

2.2.5.1　杨宏儒的"工业组织是经济增长条件"观点及相关论述

杨宏儒（1993）率先研究工业组织与经济增长的关系，指出工业组织通过一定的机制作用于经济增长，而经济增长要求一定的工业组织形式相适应，主要观点可概括为以下几点：

第一，研究必要性：新古典经济增长理论过于简化和均衡的假定难以运用，竞争有助于资源配置最佳状态、但未必导致创新的最佳状态；在创新之外，经济系统自身演变调整中的某些因素影响增长（如学习成本与资源配置结构、经济增长有关）；不断创造出推动和适应经济增长的工业组织形式和结构是经济增长的必备条件，组织演变对增长的影响取决于一定的条件，一是可从日本的经济增长历史得到验证，主要表现为竞争加剧、垄断下降、规模经济与市场竞争同时发挥作用等；二是经济史表明，工业的不同技术阶段要求不同的组织形式与之相适应，经济史上表现为美国从自由竞争走向垄断竞争，而日韩采取更为集中的工业组织。

第二，工业组织的具体内容和形式：企业的专业化、企业的联合化、企业内规模经济、企业竞争、对新企业的进入壁垒（学习成本和规模经济）、企业生存和灭亡等组织变化。

第三，工业组织对经济增长的作用机制：工业组织调整和演化是资源配置合理化条件，工业组织变化促进资源配置优化、获取经济效益，经济效益的积累、资本再投资是经济增长的源泉；工业组织因素是重要的生产因素，经验的积累、组织协调直接影响增长率，专业化、学习过程依赖于一定的组织形式；工业组织创造经济增长机会、与之相适应并促进，大企业提供资金便于创新；工业组织过程实现增长，大型化、重组、组织动态变化是结构调整的实现途径。

第四，市场结构与经济增长关系：市场结构决定绩效，高竞争可能导致高增长，高竞争可能导致低创新、低增长，高竞争可能导致高创新、高增长，可进入竞争可能导致高创新高增长。

第五，工业组织合理化准则：中国经济增长与工业组织形式僵化、工业组织结构非效率有关，应该优化并建立灵活组织调整机制。

杨宏儒（1993）考察了工业组织与经济增长的若干作用机制，为产业组织的经济增长效应分析提供了研究的基础，但未对产业组织的经济增长效应进行详细清晰地机制分析和定量分析。

2.2.5.2　谢地的"有效产业组织促进经济增长"观点及相关论述

谢地（1999）梳理了经济增长理论的发展历程，首次明确指出影响经济增长的组织因素就是指产业组织，并将产业组织与企业自组织过程相联系，分析产业组织与经济增长的作用机制，主要观点可概括为以下几点：

第一，研究必要性：新增长理论中的核心概念对经济增长的作用，都可在有效的产业组织中找到答案；有效的产业组织可以创造经济增长机会、实现经济增长、构筑赶超效应、适应经济增长；产业结构政策应建立在产业组织政策的基础上；企业组织创新是企业家创新的载体，是经济增长动力之一，其中包含企业间组织关系（产业内和产业间）的重新组合。

第二，产业组织对经济增长的作用机制：学习效率影响经济增长，有效的产业组织是激励与提高学习效率的条件，企业组成集团可使内部团体间降低学习成本；适应效率是经济增长的关键，产业组织及政策应不断适应市场规模变化；产业组织调整是供求协调的体现，某些体制原因限制有效产业组织状态形成。

第三，产业组织合理有效条件：适度集中对于利润率、节约资源、稳定市场、竞争力有好处；有效的产业组织是以少数大企业或企业团队之间的有效竞争；经济体制改革、产业组织政策和产业结构政策应密切配合。

谢地明确指出产业组织的经济增长意义，并从企业自组织角度进行了的探索，具有基础性的理论贡献和现实指导意义，但缺少市场结构和企业行为的经济增长效应的机制分析和定量分析。

2.2.5.3　其他学者的研究

程玉春（2003）认为产业组织就是产业的生产经营组织，包括两个层次企业内组织和企业间关系，各种生产要素在企业内部得到组织，通过企业间的竞争与合作的市场关系形成企业群体和网络，进而构成整个产业。产业组织合理化就是企业内部形成合理的产权结构、治理结构和组织结构，企业之间形成合理的竞争与合作的市场关系，形成有序的企业群体和企业网络。实证分析发现工业经济绩效原因不是市场结构因素，而是制度因素，建议进行内外组织的改革完善。

龚新蜀（2009）对于西部地区产业组织优化与经济集约增长进行研究，认为合理的产业组织有利于实现企业层面上实现规模经济、范围经济、有效竞争、抑制垄断、研究开发、技术进步、降低交易成本和实现品牌优势，有利于产业层面上适度生产集中、构筑进入壁垒、提高产业利润率水平和增强产业国际竞争力，有利于宏观层面上健全竞争秩序、产业结构调整、加快科技进步和经济集约增长，西部地区在上述层面均存在差距，因此需要改善来实现经济集约增长。但上述研究均缺少产业组织促进经济增长的数理化机制分析。

2.2.6 简要评论

上述从产业组织视角分析经济增长的研究，肯定了产业组织对经济增长的影响和作用，具有一定的启发性。但已有研究缺少基于产业组织理论SCP框架的分析，缺少从市场结构和企业行为两个方面的经济增长效应研究。

经济增长虽然表现为人均GDP的上升，并以此作为衡量标准。但是，研究经济增长的原因，考察其制约因素，必须深入到经济结构中去，这包括产业结构和产业组织两个层面。因此，考察经济增长必须深入到产业结构，深入到产业组织中。仅深入到产业结构这个层面，只是对经济总量的增长做了第一步深入，而从产业组织的角度去研究经济增长则是第二步的深入。从市场结构的演变能使我们更清晰地看到经济增长的过程，发现其中影响因素并解决其中的制约瓶颈。市场结构演变会影响到企业行为的选择，而考察企业行为的经济增长效应，是理解经济增长的第三步深入。因为企业才是最终的决策主体，所以正是企业的进入退出、合并拆分决策改变了市场结构,企业的价格竞争和差异化竞争影响了市场结构,推动市场结构的变化。产业的组织过程导致了产业结构的变化,导致了资本和劳动力这些资源在不同产业之间流动,进而表现为经济总量的增长。因此,本书探究市场结构和企业行为对经济增长的作用机制,从而为理解经济增长和促进经济增长的政策提供一些参考。

第3章　市场结构竞争演进的经济增长效应

　　本章首先借鉴熊彼特关于企业家精神、产业组织创新的经济发展思想，分析市场结构从垄断向竞争演进过程中企业竞争行为的经济增长效应，按照从产品同质化竞争到差异化竞争的顺序开展模型分析。其次借鉴罗斯托的产业间影响思想，分析市场结构竞争演进对其他产业的回顾、旁侧和前向经济增长效应。再次对我国省级面板数据进行实证分析，采用每万人企业单位数衡量我国 31 个省份（不包括港澳台地区）的市场结构，对 2014~2022 年我国省级面板数据进行固定效应分析和系统 GMM 分析。结论表明：第一，市场结构竞争演进产生了正向的经济增长效应；第二，创新在市场结构竞争化促进经济增长过程中具有部分中介效应。研究结论对从经济结构视角和产业组织层面理解经济增长，更加全面客观评价国有企业贡献，深刻理解和坚持两个"毫不动摇"，加强反垄断和破除市场准入壁垒，持续发挥市场结构竞争演进的经济增长效应，推动我国经济实现质的有效提升和量的合理增长等方面的具有理论和现实意义。又次用彩电、轿车、电信业改革发展案例支持研究结论。最后探讨市场进入壁垒对经济增长的影响。

3.1 产业内效应分析：模型与假说

根据第一次基本单位普查和历年《中国统计年鉴》数据，我国企业数量从 1996 年的 262.81 万个上升到 2022 年的 3282.87 万个，同时期我国 GDP 从 1996 年的 6.79 万亿元上升到 2022 年的 121.02 万亿元，具体如图 3-1 所示。从企业家精神角度对我国经济增长的理论研究（鲁传一和李子奈，2000；李宏彬等，2009；刘志永等，2020；王文举和姚益家，2021；胡厚全，2022），存在经济增长机制分析上重视企业家创业创新、忽视企业价格竞争等企业行为，在企业家精神衡量指标上重视民营企业、忽视国有企业等有待完善之处。企业家发挥企业家精神（或行使企业家职能）创立了企业后，按照产业组织理论，企业数量增长提高了市场结构的竞争程度，促使企业开展价格竞争和质量、广告等差异化竞争，因此本章研究企业设立后市场结构竞争演进的经济增长机制。

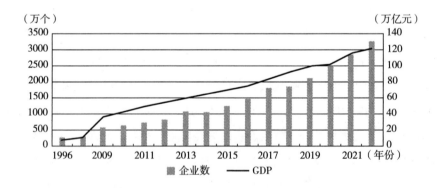

图 3-1 1996~2022 年我国企业数量和 GDP 增长趋势

资料来源：历年《中国统计年鉴》，历年《中国基本单位统计年鉴》，历年《中国经济普查年鉴》，第一次、第二次基本单位普查数据。2009 年之前仅从基本单位普查数据中获得 1996、2001 年企业数量，其余数据在年鉴中无对应口径数据。

第一，从市场结构视角研究经济增长有利于更加全面和客观评价国有企业对经济增长的贡献。党的二十大报告提出毫不动摇巩固和发展公有制经济，毫不动摇鼓励、支持、引导非公有制经济发展，推动国有资本和国有企业做强做优做大。国有企业在国民经济中的地位举足轻重，国有企业提供的商品和服务在国民消费中的地位不断提升，从各地区招商引资对国有企业青睐有加也可见一斑。企业家精神促进我国经济增长的理论研究过度突出国有企业相对于非国有企业存在的"短板"（严成樑，2020），对国有企业促进经济增长的作用缺乏更加全面和客观的评价，这与目前我国的国有企业在国民经济发展中的地位和形象不相适应。一类研究仅从产权角度承认改革开放初期国有经济对民营企业的人才和技术溢出效应，选择以个体和私营企业从业人员占总就业人口的比重衡量企业家精神（李宏彬等，2009；刘志永等，2020；王文举和姚益家，2021；胡厚全，2022），国有企业的经营管理者发挥的企业家精神没有从中得到体现，而且私营企业从业人员占比是结果，是民营企业家创业创新引起的市场结构演变，进行生产经营从而招聘员工导致的，对其中导致经济增长的机制缺乏分析。另一类研究结合产权结构和市场结构研究了产业的利润绩效，没有研究产业及其相关的经济增长（刘小玄，2003；刘元春和朱戎，2003）。

第二，从市场结构视角研究经济增长符合将产业组织理论分析方法引入经济增长研究的发展趋势。现代经济增长理论侧重从总量视角研究经济增长，从结构视角研究相对薄弱，经济增长理论发展趋势之一是从企业视角考虑更加微观的假定探究市场结构对经济增长的影响，如创新驱动的内生经济增长理论强调垄断竞争的市场结构（严成樑，2020）。Peretto（1999）研究了寡头垄断经济中市场结构和经济增长的关系，认为企业数量的增加会导致市场的分散和研发资源的分散，抑制企业内部规模经济利用、减缓经济增长。Aghion 等（2001）发现企业创新抵消更激烈的产品市场竞争，对增长具有积极影响，模仿促进了更频繁的竞争和经济增长，但过多的模仿无疑会降低经济增长。可见，从市场结构视角研究能更深入地理解经济增长，经济研究的结构视角包括产业结构（产业间结构）和市场结构（产业内结构），从产业间结构研究经济增长一度流行，而产业间结构又是各产业内结构发展的结果体现，因此产业内结构即市场结构是研究经济增长更为基础的视角。

第三，从市场结构视角研究经济增长可以为分工计量研究提供新思路。邹薇和庄子银（1996）认为分工思想的研究发展困难在于一般认为分工难以计量，杨小凯和张永生（2000）讨论了采用商品化程度和贸易依存度衡量分工的利弊，李敬等（2007）采用批发零售贸易业增加值衡量中国经济增长中的分工。但是，采用批发零售贸易业增加值衡量分工存在两个不足，一是未能衡量采用商品直销模式企业的分工，二是未能衡量不经过批发零售贸易业的服务贸易的分工，因此较难全面衡量分工水平。马克思在《资本论》中指出个别分工（企业内分工）以资本家对人的绝对权威为前提，社会分工（企业间分工）只承认竞争的权威，从企业间分工角度为衡量分工提供了思路。企业设立是企业间分工的逻辑前提和历史条件，设立企业是专注思考创业的居民转变为法人代表的企业家行为，该专业化行为形成的分工是企业内分工和企业间分工的第一推动力，企业家行使职能（如选择生产技术、组织资本投入、确定岗位职责、招聘部门员工等）决定企业内分工，企业开展生产销售和市场竞争形成企业间分工。可见，企业内的分工是在企业间分工前提下企业家决定的，所以在有限的研究条件下要先解决企业间分工度量问题。因此，市场结构衡量的是同类商品的企业间分工，而从一种商品市场或一个行业推广至整个国民经济，在一定人口规模下的企业数量代表的企业间分工可以用来衡量比较该国家或地区的分工水平，企业数量越多、分工越精细、分工效率越高，经济增长水平就越高。

因此，从市场结构视角研究经济增长可以弥补企业家精神相关研究的两个不足。一是经济增长机制分析存在不足，既要分析创业创新的企业家精神对经济增长的作用，也要分析企业价格竞争、产品质量竞争影响经济增长的过程机制。二是企业家精神衡量指标存在不足，因为私营企业全体从业人员占比的企业家精神衡量指标未涵盖国有企业的企业家精神，体现的是民营企业招聘员工的结果，而且当企业数量增加时、国有企业和民营企业员工数量在一定条件下使该占比保持不变，该经济过程中的企业家精神的变化无法继续用该指标有效衡量，而在市场结构视角下采用一定人口规模的企业数量指标则不存在上述问题，可以更有效衡量企业家精神，也能涵盖国有企业和民营企业的相互作用和共同贡献，虽然部分研究已经开始采用企业家数量与人口比例来衡量企业家精神（汪辉平和王增涛，2018；马忠新和陶一桃，2019），但仍然缺乏关于现代中国经济增长的各省份实证研究。

熊彼特的企业家精神与创新理论是内生经济增长理论的源泉之一，同时他在《经济发展理论》和《资本主义、社会主义与民主》中的关于创新、产业组织和经济增长的相关思想也颇具启发意义，具体概括如下：第一，实现任何一种工业的新的组织（产业组织的变化）是一种创新，而经济发展的实质就是整个社会不断实现和执行新的生产要素组合。第二，工业的新的组织包括造成一种垄断或打破一种垄断、企业合并、价格的卡特尔制度等。第三，市场结构影响研发与创新，创新促进经济增长，高的市场集中度不但不会阻碍创新和经济增长，与高市场集中度相对应的大企业会有积极性设立研发部门，并投入大量人力物力从事研究进而创新的事业，垄断竞争的市场结构更符合工业经济实践，而完全竞争只是农产品市场的模拟。

熊彼特的上述思想启示认为市场结构与经济增长具有重要的内在联系。首先，企业家创业创新把新产品引入市场，如果暂时形成独占垄断，即所谓"造成一种垄断"，制造业相关研究曾指出新企业对经济增长的重要意义，如新企业在进入之后通过学习效应实现自身生产率快速增长、企业更替对制造业生产率增长具有重要的直接影响（毛其淋和盛斌，2013），新企业对经济增长的平均贡献相对较高（李坤望和蒋为，2015）；其次，随着利润吸引新企业的加入，市场结构从独占垄断演进至两寡头垄断，消费者可选择企业数量从一变为二，即所谓"打破一种垄断"；最后，当一个企业通过研发等行为提升了产品质量，则企业竞争从产品同质价格竞争演进为产品质量差异化竞争，如果偏好高质量产品的消费者形成唯一选择的消费忠诚度，在一定程度上又"造成一种垄断"。上述市场结构和经济增长均处在持续动态发展过程中，其中的微观机制有待进一步分析。

从消费者选择角度来看，消费者选择商品需要付出搜索时间、交通时间、维护时间等交易费用，当交易费用趋于零时，消费者选择商品是从独占垄断市场结构开始，随着愿意承担更多的交易费用，面对的市场结构才从独占垄断到两寡头垄断，再到更高程度的竞争。

因此，可以研究市场结构从独占垄断、寡头垄断竞争向完全竞争演进的经济增长效应。

3.1.1 产品同质化竞争

一般对独占垄断和两寡头垄断竞争的决策过程经济分析，主要是对不同市场结构的利润比较分析（王文举等，2003），借鉴该分析框架，可用来分析市场结构演进的市场或行业总收入变化，即经济增长效应。

3.1.1.1 独占垄断市场结构（Monopoly）

独占垄断市场结构下，市场仅有一个独占垄断企业，企业根据自身利润最大化条件决定最优产量和最优价格，令 P 表示价格，Q 表示销量，c 表示不变单位成本，π 表示利润，Y 表示收入。

简化假定需求函数为：

$$Q=a-P \tag{3-1}$$

价格则为：

$$P=a-Q \tag{3-2}$$

利润则为：

$$\pi=Q(P-c) \tag{3-3}$$

最大化利润则为：

$$\max\pi=Q(a-Q-c) \tag{3-4}$$

解得最优产量：

$$Q=(a-c)/2 \tag{3-5}$$

市场价格则为：

$$P=a-Q=(a+c)/2 \tag{3-6}$$

市场总收入则为：

$$Y_m=PQ=(a^2-c^2)/4 \tag{3-7}$$

在市场销量为正、$a>c$ 的情况下，企业利润为：

$$\pi=Q(P-c)=(a-c)^2/4 \tag{3-8}$$

独占垄断企业利润为正，则吸引新的企业进入参与竞争。

3.1.1.2　两寡头垄断竞争市场结构（Duopoly）

两寡头垄断竞争市场结构下，市场仅有两个企业竞争，延续上述假定，两个企业的决策分别用下标 1 和下标 2 表示，两个企业通过决策产量，影响并接受市场价格，进而实现最大化利润。

则市场需求函数表示为：

$$P=a-Q=a-(q_1+q_2) \tag{3-9}$$

两个企业最大化利润决策则表示为：

$$\max\pi_1=q_1(a-q_1-q_2-c) \text{ 和 } \max\pi_2=q_2(a-q_1-q_2-c) \tag{3-10}$$

解得企业均衡产量：

$$q_1=q_2=(a-c)/3 \tag{3-11}$$

则市场销量则为：

$$Q=2(a-c)/3 \tag{3-12}$$

市场价格则为：

$$P=a-Q=2c/3+a/3 \tag{3-13}$$

市场总收入则为：

$$Y_d=PQ=2ac/9-4c^2/9+2a^2/9 \tag{3-14}$$

市场结构从独占垄断变为两寡头垄断竞争，市场总收入变化情况可以表示为：

$$Y_d-Y_m=(a-c)(7c-a)/36 \tag{3-15}$$

在销量为正、$a>c$ 的情况下：

当 $a<7c$ 时，则独占垄断价格 $P<4c$（毛利润率小于 300%）、两寡头垄断价格为 $P<3c$（毛利润率小于 200%），市场结构从独占垄断演进为两寡头垄断竞争产生正向的经济增长效应；

当 $a=7c$ 时，则独占垄断价格 $P=4c$、两寡头垄断价格为 $P=3c$，市场结构变化无增长效应；

当 $a>7c$ 时，则独占垄断价格 $P>4c$、两寡头垄断价格为 $P>3c$，市场结构变化产生负向增长效应。企业利润为 $\pi_1=\pi_2=(a-c)^2/9$，寡头垄断企业利润为正，仍然吸引新的企业进入参与竞争。

3.1.1.3 完全竞争市场结构（Perfect Competition）

完全竞争的市场结构下，市场价格 $P=c$，企业无利润，市场需求量为：

$$Q=a-c \tag{3-16}$$

市场总收入为：

$$Y_d=PQ=c(a-c) \tag{3-17}$$

市场结构从两寡头垄断竞争变为完全竞争，市场总收入变化情况可以表示为：

$$Y_{pc}-Y_d=(a-c)(5c-2a)/9 \tag{3-18}$$

在销量为正、$a>c$ 的情况下：

当 $a<2.5c$ 时，则两寡头垄断价格为 $P<1.5c$（毛利润率小于 50%），市场结构从两寡头垄断竞争演进为完全竞争产生正向的经济增长效应。

当 $a=2.5c$ 时，则两寡头垄断价格为 $P=1.5c$，市场结构变化无增长效应。

当 $a>2.5c$ 时，则两寡头垄断价格为 $P>1.5c$，市场结构变化产生负向增长效应。

综上所述，在市场价格与生产成本比例（毛利润率）满足一定条件下，市场结构从独占垄断向两寡头垄断竞争、完全竞争的演进能产生正向经济增长效应。目前我国的经济现实是基本符合上述条件的，因此可以给出产生正向经济增长效应的待检验假说1。

假说 1：随着市场中企业数量增长，企业开展价格竞争，消费者面临的市场结构从独占垄断向两寡头垄断、完全竞争演进，产生正向经济增长效应。

竞争者增加主要有两种方式：一种是独占企业分拆为两个或多个企业展开竞争，另一种是新企业进入展开竞争。这两种方式产生的新企业投资不断增加，劳动和资本的投入产生了新的产出，这正是经济增长的过程。企业数量由独占时的 1 增加到 n，这时的价格会下降，由此激发的需求导致总的产量增加，同时国民收入常常也会增加。在独占的市场结构中，当出现定价均衡的时候，市场存在着生产者剩余，产业组织理论认为这是对消费者剩余的侵占，降低了消费者的福利，这是非效率的。所以要求放开市场，引入更多的竞争者。从而竞争者进入导致生产者剩余的降低、产量的增加和消费者福利的提高。事实上，商品之间的相对价格只是表示市场主体间的利益关系，如果不考虑商品间的短期的相对价格变化，经济增长就是用消费者福利在日趋丰富的商品上不断提高的经济现象，用货币表示就是 GDP 的上升。企业的竞争手段是逐渐从价格竞争手段转向差异竞争手段。因此，产业的市场收入在绝对量上可能不表现为下降，但是相对量（在整体经济中所占比重）会下降。当新产品被开发出来满足人们新的需求（人的需求层次逐渐提高），新产业的市场结构逐渐演变，导致新的产业迅速发展起来，会产生新一轮的经济增长。当然，如果人们对传统产业的商品需求萎缩时，则传统产业的市场收入的绝对量也会下降。

3.1.1.4　价格竞争的经济增长效应分析

价格竞争的增长效应包括两方面：一是直接增长效应，即价格竞争导致价格变化导致产量变化，产业总量变化的增长效应；二是间接增长效应，即价格竞争导致制度变迁，引起市场结构演变带来的增长效应。

（1）直接效应分析。

价格竞争是企业的主要竞争行为，商品提价和降价会导致交易总量的变化，变化的程度依赖需求价格弹性，需求价格弹性大于 1，则价格变化的程度小于交易量变化的程度，此时价格下降会导致总的交易金额上升，价格上升会导致总的交易金额下降；需求价格弹性小于 1，则价格变化的程度大于交易量变化的程度，此时价格下降会导致总的交易金额下降，价格上升会导致总的交易金额上升。

张衔（2001）针对价格战是否减少了财政收入提出了一个较完整的分析框架，本章在此基础上研究价格竞争的经济增长效应。

以商品降价为例，导致的需求变动效应分解为替代效应 β_s 和收入效应 β_i。如果只有替代效应，那么即使该产业收入增加，由于替代效应导致其他商品交易下降，整体经济收入可能并不增加，商品降价并不会导致经济增长；如果只有收入效应，那么该产业收入可能增加，其他商品交易不受影响，整体经济收入可能增加，商品降价才会导致经济增长。当人们储蓄较多的时候，收入效应可能较大，商品降价会产生较大的经济增长效应。

当然是否会导致经济增长，还要看需求效应与价格变动幅度之间的比较，为了便于分析，下面给出一般分析框架。

$$Y = PQ \tag{3-19}$$

$$Y' = P(1-\alpha)Q(1+\beta_s+\beta_i) \tag{3-20}$$

其中，Y' 表示降价后的产业收入，α 表示降价幅度，β_s 表示价格下降导致需求变动中的替代效应，β_i 表示价格下降导致需求变动中的收入效应。

$$\Delta Y = Y' - Y = PQ\left[(1-\alpha)(1+\beta_s+\beta_i)-1\right] \tag{3-21}$$

当 $\beta_s+\beta_i > \alpha/(1-\alpha)$，$\Delta Y > 0$，该产业收入增加，但由于该产业收入增加可能来自替代效应 β_s，则该产业收入的增加导致其他被替代的产品产业收入的减少，只有产业收入增加是来自收入效应，才能导致整体经济增长。因此，价格下降导致国民经济增长的条件是，$\beta_i > \alpha/(1-\alpha)$。

当 $\beta_s+\beta_i = \alpha/(1-\alpha)$，$\Delta Y = 0$，该产业的收入未变，但是如果 β_s 为正值，那么其他产业的收入会减少，整体国民收入会减少，经济增长会下降。因此，经济增长不受影响的条件是 $\beta_i = \alpha/(1-\alpha)$。

当 $\beta_s+\beta_i < \alpha/(1-\alpha)$，$\Delta Y < 0$，该产业的收入减少，减少数量为 ΔY。但是如果 β_s 为正值，那么其他产业的收入会减少，因此整体国民收入减少

幅度大于 ΔY，整体经济增长受到的负面影响比价格战发生的产业收入还要大。

（2）间接效应分析。

企业价格下降会破除某些行业垄断，从而利于经济持续增长。企业通过降价扩大市场份额，会对垄断组织（如下文案例中的中影公司）的收入构成威胁，因为垄断组织没有办法及时改变固定投入，所以垄断组织只能采取破除壁垒（案例中的中影公司和各地院线公司拷贝分配比例取消）的行为来缓解降价带来的收入损失。垄断破除对于长期经济增长是有利的，因为会促进更多的竞争者进入市场（案例中成都院线市场结构由当时的双寡头垄断转变到三企业的垄断竞争局面），新企业进入、投资增加则进一步通过投资乘数效应促进经济增长。

（3）案例分析——成都电影业价格竞争与中国电影业发展。

成都电影业自改革开放以来形成了全国首例双寡头局面，西南影业和峨眉电影集团在成都市场上的激烈竞争使得成都电影业发展迅速，不但服务质量提升逐渐吸引诸多大片首映，而且价格下降给消费者带来了真正的福利。在峨眉电影集团进入市场、展开价格竞争的过程中，该行业以及相关服务业所产生的经济增长显而易见。

在一定的条件下，企业降价直接产生经济增长，当需求价格弹性大于 1 时，基于不可及时调整固定成本和较小的边际成本，企业价格下降会带来企业收入大幅度的增加，此即国民收入上升和经济增长的微观层面。在成都电影双院线竞争案例中，价格从 15 元降为 5 元，而销售票数量大幅上升 6 倍多（袁蕾和张健，2005），其需求价格弹性约为 2.9。

假定企业调整商品价格从 P_1 下降到 P_2，销售量从 Q_1 增加到 Q_2，$P_1 > P_2$，$Q_1 < Q_2$，其中需求价格弹性为 E，则收入变化和经济增长的简单推导如下：

按照需求价格弧弹性的计算方式为：

$$E = \frac{(Q_2 - Q_1)}{(P_1 - P_2)} \cdot \frac{(P_1 + P_2)}{(Q_1 + Q_2)} \tag{3-22}$$

整理得：

$$Q_1 = Q_2 \cdot \frac{(P_1 + P_2 + EP_2 - EP_1)}{(EP_1 - EP_2 + P_1 + P_2)} \tag{3-23}$$

那么：

$$\Delta y = P_2 Q_2 - P_1 Q_1 = Q_2 \cdot \left[P_2 - P_1 \cdot \frac{(P_1 + P_2 + EP_2 - EP_1)}{(EP_1 - EP_2 + P_1 + P_2)} \right] \tag{3-24}$$

整理得：

$$\Delta y = Q_2 \cdot \left[\frac{(E-1)(P_1^2 - P_2^2)}{E(P_1 - P_2) + P_1 + P_2} \right] \tag{3-25}$$

因此，当 $E > 1$ 时，$\Delta y > 0$，价格竞争产生产业收入增加，导致经济增长。

按照熊彼特的视角，我们可以认为经济增长一方面表现为收入的增加（如影院收入增加）；另一方面表现为消费品和服务的增加（如更多消费者享受电影服务、提高福利），价格下降可以使得消费者购买消费品或者服务的数量增加，或者从无到有，或者从少到多。消费者在一定时期内的购买消费品数量的增加和福利的改善，实质上是一种不会导致分配差距扩大的经济增长。因此，与人均 GDP 增加而分配差距加大的经济增长方式相比，企业降价行为引致的经济增长是一种具有更大福利效应的经济增长，是更以人为本而不是唯指标的经济增长。

企业下调商品价格对未来经济持续增长还具有间接促进作用。企业下调价格通过破除行业垄断可以优化市场竞争环境，而良好的市场竞争环境能促进投资（新古典增长理论强调的经济增长动力），提升人力资本（如服务意识可以看作一种没有递减报酬的人力资本，新增长理论强调人力资本的非递减报酬性质），进而利于长期经济增长。这种间接效应对于经济转轨时期的经济增长至关重要。

周勤和万兴（2005）考察了中国电影产业院线制改革的历程和效应，他们认为电影产业纵向分离的产业结构变为制作、发行和放映的纵向一体化是电影产业繁荣的原因。但是，依照本部分分析，电影产业发展的根本原因是引入了竞争，市场结构更具由竞争性，而市场的形成和市场结构的演变标志之一就是是否具有价格竞争，或者说有没有自主的价格水平和价格战。2002~2004 年，北京、山东和黑龙江的院线竞争者数目都有了增加，虽然从全国电影业总的市场集中度来看有所上升，用观众人数和票房衡量的赫芬达尔指数（HI）从 2004 年的 0.0551 和 0.0638，分别增加到 2005 年的 0.0710 和 0.0781。但各地的市场结构均更趋竞争性，可从各地区的院线数、影院数增加看出端倪，电影产业是一个在地市场，总的影院数从 2002 年的 872 家增加到 2004 年的 1112 家。更重要的是，院线之间和影院之间的价格竞争，导致价格水平下降，2004 年 7 月平均票价为 27.58 元，2005 年同期的平均票价为 24.47 元，观众人数从 563 万人增加到 648 万人，而统计的 7 月票房收入则从 2004 年的 15.53 亿元增加到 2005 年的 15.86 亿元，从这组数据来看，市场结构演变和价格竞争导致了电影业的经济增长。

3.1.2 产品差异化竞争

市场结构竞争演进，同时伴随产品同质竞争向产品质量差异化竞争的发展过程。借鉴产品质量差异化竞争分析框架（泰勒尔，1997），研究产品质量提升的经济增长效应。作如下设定：

消费者偏好描述为：

$$U = \theta s - p \tag{3-26}$$

消费者消费一个单位商品支付价格 p、商品质量为 s，对质量的偏好参数 θ、均匀分布在 $\underline{\theta} \geqslant 0$ 和 $\bar{\theta} = \underline{\theta} + 1$ 之间的消费人口之中、密度为 1。两个企业生产商品，质量分别为 s_1、s_2，令 $s_2 > s_1$、单位生产成本均为 c。假定消费者偏好差异性足够大，即 $\bar{\theta} \geqslant 2\underline{\theta}$；并且价格均衡中市场已被覆盖，即 $\underline{\theta} s_1 \geqslant c + (\bar{\theta} - 2\underline{\theta})(s_2 - s_1)/3$，以 $\Delta s \equiv s_2 - s_1$ 表示商品质量差异。

设定商品需求函数为：

$$D(p) = 1 - F(p/s) \tag{3-27}$$

其中，$F(p/s)$ 为偏好参数小于 (p/s) 的消费者比例。当高 θ 消费者购买高质量商品，低 θ 消费者购买低质量商品，$\theta s_1 - p_1 = \theta s_2 - p_2$ 时，参数为 θ

的消费者对两个品牌无差异。则两个企业的需求函数分别为：

$$D_1(p_1,\ p_2)=(p_2-p_1)/\Delta s-\underline{\theta} \tag{3-28}$$

$$D_2(p_1,\ p_2)=\overline{\theta}-(p_2-p_1)/\Delta s \tag{3-29}$$

两个企业均追求利润最大化，则有：

$$\max\pi_1=(p_1-c)\left[(p_2-p_1)/\Delta s-\underline{\theta}\right] \tag{3-30}$$

$$\max\pi_2=(p_2-c)\left[\overline{\theta}-(p_2-p_1)/\Delta s\right] \tag{3-31}$$

解得：

$$p_1=c+(\overline{\theta}-2\underline{\theta})\Delta s/3 \tag{3-32}$$

$$p_2=c+(2\overline{\theta}-\underline{\theta})\Delta s/3 \tag{3-33}$$

则需求为：

$$Q_1=(\overline{\theta}-2\underline{\theta})/3 \tag{3-34}$$

$$Q_2=(2\overline{\theta}-\underline{\theta})/3 \tag{3-35}$$

总需求为：

$$Q=\overline{\theta}-\underline{\theta} \tag{3-36}$$

而市场总收入为：

$$Y_{va}=Y_1+Y_2=c(\overline{\theta}-\underline{\theta})+\left[(\overline{\theta}-2\underline{\theta})^2+(2\overline{\theta}-\underline{\theta})^2\right]\Delta s/9 \tag{3-37}$$

若两个企业生产商品质量均为 s_1，则市场总需求仍为：

$$Q=\overline{\theta}-\underline{\theta} \tag{3-38}$$

根据伯特兰均衡价格均为单位生产成本 c（田国强，2016），则两企业总收入为：

$$Y_{nd}=c(\overline{\theta}-\underline{\theta}) \tag{3-39}$$

差异化竞争的经济增长效应为：

$$Y_{va}-Y_{nd}=\left[(\overline{\theta}-2\underline{\theta})^2+(2\overline{\theta}-\underline{\theta})^2\right]\Delta s/9 \tag{3-40}$$

可见产品质量差异化竞争的经济增长效应与产品质量差异成正比，则产品质量提升具备正向经济增长效应。如果把产品质量拓展到包括广告、促销、售后服务等全方位的消费者购买体验，产品质量提升可能来自某项技术改进、质量管理水平提升和持续性研究开发，涉及企业全面质量管理各个方面（付彤杰和张衔，2020）。产品质量差异化和产品功能多样化是创新驱动的内生经济增长理论两大方向，如果假定基础产品的新增功能的质量参数为零，产品功能多样化竞争产生的多功能产品新增功能质量参数为正，则产品功能多样化竞争也可以看作新增功能维度的产品质量差异化竞争。根据研究目的，上述采用市场或行业收入衡量经济增长的机制分析，侧重从市场总收入角度开展比较分析，其蕴含的资本和劳动投入过程不言自明，一个产业的经济增长同时还能通过回顾效应、旁侧效应、前向效应带动整个经济的增长（罗斯托，1988）。

假说 2：市场结构竞争演进的动力也包括产品质量差异化竞争，产品质量差异化竞争使得产品质量提升，产生正向经济增长效应。

以上从单一市场的角度对市场结构的经济增长效应进行了研究。下面从市场间相互联系和市场结构演变，来考察市场结构的经济增长效应。

3.2　产业间效应分析

前文分析市场结构的经济增长效应，着眼于单一产业的营业收入，用该产业收入变化来考察经济增长效应实际上包含了上下游产业增加值增长的综合效果。为了全面分析某产业和相关产业增加值增长，需要从上下游产业间市场联系的角度入手，可以采用回顾效应、旁侧效应和前向效应分析整体经济增长效应，从而更好理解与相关产业之间的供求联系，理解经济结构的演变与升级。

罗斯托（1988）在分析主导产业时提出回顾效应、旁侧效应和前向效应，但并没有给出明确定义，仅以这三种效应论述主导产业存在客观性为目的。如纺织业发展的回顾效应表现为原材料产业的迅速发展，原材料主要是羊毛和棉花，为了增加羊毛的产量必须进行大规模的牧场建设，英国纺织业的回顾效应导致了著名的"圈地运动"（芒图，1983），原材料产业增加值的增加就是回顾效应导致的经济增长。纺织业发展的旁侧效应表现为城市化进程的加快，工厂的增加使得城市的规模扩大，工人队伍逐渐壮大增加城市中的商业需求，带来城市中的商业和餐饮理发等服务业的发展，这些产业增加值的增加可以看作旁侧效应导致的经济增长。纺织业的前向效应可以解释为如下两类：一是纺织业对机械动力的要求催生了蒸汽机，而蒸汽机又提高了其他采用蒸汽动力的工业部门的生产率，进而提高这些工业部门的增加值；二是纺织品的交易要求便利的交通条件，政府增加财政支出给建筑工人或建筑商来平整公路，而交通的便利降低了其他所有商品的运输成本，进而导致这些产业增加值的提高。

罗斯托关于回顾效应、旁侧效应和前向效应的分析，可以应用到市场结构竞争演进中，由于新部门的产生和经营活动本身就是一种经济增长，其数量为这些部门的增加值。分析市场结构的经济增长效应在产业间的表现，还可以更好地理解产业结构升级，通过考察市场结构竞争演进过程中，产业的旁侧效应和前向效应的表现形式，将有助于理解产业结构升级原因和条件。在一定的历史时期和经济发展阶段，所谓经济结构的升级必须是建立在工业部门发展成熟基础上，经济增长的结构升级依赖于工业部门，而跨越发展和赶超也只能是工业化速度加快而不是跳过工业化阶段。

3.2.1 回顾效应

回顾效应主要是指产业发展引致的原材料与机器投入、劳动力投入及相关制度的需求与发展，产生的经济增长，以 ΔY_{back} 表示，可以细分如下：产业发展引起的原材料和机器设备产业的增加值的增长用 ΔY_{in} 表示；产业发展引致的劳动力投入常常需要经过人力资本投资，其中的教育产业等引起的经济增长用 ΔY_{hc} 表示；而产业发展引起的相关制度可能会促生新产业，如铁路业发展需要大量的资本，引起了股票融资制度的产生，进而促生了证券服务业，再如网购行业对物流的要求，催生了快递业，新产业的增加值用 ΔY_{ini} 表示。市场结构通过回顾效应产生的经济增长为：

$$\Delta Y_{back} = \Delta Y_{in} + \Delta Y_{hc} + \Delta Y_{ini} \tag{3-41}$$

竞争者进入市场会增加原材料投入和劳动力的转移，是该部门市场结构竞争演进回顾效应的主要表现。熊彼特（1990）认为，新企业成立需要投入的要素是从经济循环中转移来的，而且是高价转移出来的。回顾效应会增加原材料部门的产量，进而增加原材料部门的增加值，也就是该原材料部门实现的国民收入增加和经济增长。

随着竞争者进入和增多，令产业进入的竞争者收入为 $Y_1 = F(K, L)$。因此该产业发展需要的投入 K 和 L，对生产 K 资本品和原料的上游企业以及具有就业意愿劳动力的其他部门（可能是农村剩余劳动力、城市失业者等）产生回顾效应。劳动力依次从生产效率低的部门转移到生产效率高的部门，市场结构演变的部门可能是生产率高的部门，当生产率从较低部门转移过来后，生产率较低部门还会从其他生产率更低的部门获得转移，待劳动力转移停止之后，劳动力获得的新增收入，也属于该部门市场结构演变导致的经济增长。竞争者的进入不只会对生产原料和投入的劳动力部门产生回顾效应，还会产生销售努力和研究开发的投入。我们可以大致讨论回顾效应的影响因素。

固定投资规模越大，回顾效应可能越大。企业设立初期会产生一定的固定资产投资，如果固定资产投资规模较大，则回顾效应可能越大，尤其是对劳动密集型产业和资本密集型产业而言。对于技术知识密集型产业来说，企业的大部分资本用来雇佣高技术人才，而这些人才的人力资本投资导致的经济增长可能大于固定资产投资导致的经济增长，同时对人力资本生产部门提出进一步需求（如大学、专业技术学校和科研机构等）。

商品越复杂，回顾效应可能越大。如飞机比汽车复杂，而汽车比家用电器复杂，就单位产品而言，飞机制造产业比汽车产业进而比家电产业的回顾效应更大。因此，一个国家走向现代化很多都曾经把汽车产业和电子产业作为主导产业，由于本身比较复杂涉及的零部件比较多，相应的回顾效应比较大。另外，在经济发展的不同阶段，产生较大回顾效应的产业也不尽相同，依次成为主导产业的产业，在同时期具有相对其他产业更大的回顾效应。

产出品的需求弹性越大和投入品的供给弹性越大，则回顾效应可能越大。考虑到国民收入发展阶段，国民收入比较低的时候，可能劳动密集型产业的回顾效应比较大，因为吸纳的劳动力比较多，从而带动国家迅速开始工业化，如纺织业。随着国民收入的增加及人民消费水平的提高，需求开始发生变化，回顾效应大的产业开始变为资本密集型和技术密集型产业，如石化、家电、汽车、飞机、信息产业等。

市场规模越大，回顾效应可能越大。我们主要考察市场范围对于销售投入的回顾效应，销售网点的铺设和销售人员的雇佣数量都与市场范围有关，如跨国企业由于世界市场的支持会对本国经济增长产生巨大影响力。销售网点是企业自己铺设还是使用专门的零售商，则是要看市场交易费用和自身管理费用的比较，如果市场交易费用低就可以将销售外包。如果销售外包，则回顾效应就会表现为批发零售业等的旁侧效应。

3.2.2 旁侧效应

旁侧效应是指产业发展促进了城市基础设施、建筑业与服务业和社会知识存量的提高（社会知识存量会对其他产业产生技术知识和管理知识上的溢出效应），产生的经济增长效应以 ΔY_{side} 表示。随着产业市场结构竞争演进，与该产业相关的建筑、市政公共产品供应会增加，比如商场数量增加和质量提升，道路的新建和扩宽，市场管理、税收征缴和金融业发展，以及与之相适应的城市基础设施建设，常常需要通过政府公共投资，上述相关投资产生的经济增长表示为 ΔY_{con}。

市场结构竞争演进会催生促进现代服务业的发展。现代服务业主要包括金融业、咨询业、会计、法律审计业等。由于企业竞争过程中的设立、收购和兼并需要大量的金融服务，金融业发展又要求法律、审计、会计、咨询配套产业的发展。同时，随着城市人们生活水平和需求层次的提高，对于娱乐业和教育业还会产生更多的需求，这些产业的增加值增长构成了旁侧效应，上述产业发展产生的经济增长用 ΔY_{serv} 表示。

市场结构的演进还会提高社会知识存量。产业的发展成熟会以成功技术、管理经验、商业惯例和市场制度提高社会知识资本，提高经营水平和市场交易效率，新增长理论认为社会知识资本对其他产业具有溢出效应，这种溢出效应受到学习能力和资本差异的影响（潘士远和史晋川，2001）。我国改革开放后，外商投资就对周围的企业产生溢出效应，技术和管理经验的溢出效应可提高受益部门的生产率，增加受益部门利润和积累，会通过新增投资产生经济增长。社会知识存量溢出效应引起的经济增长用 ΔY_{sk} 表示。

因此，市场结构通过旁侧效应产生的经济增长可以表示为：

$$\Delta Y_{side} = \Delta Y_{con} + \Delta Y_{serv} + \Delta Y_{sk} \tag{3-42}$$

3.2.3　前向效应

前向效应是产业发展通过降低其他产业投入成本促进其发展，产生的经济增长效应，以 $\Delta Y_{forward}$ 表示。产业发展导致商品价格下降，可能促进以该商品为原料的产业的增加值增长。产业发展中的重大瓶颈问题解决后形成的新技术和新材料，能惠及其他产业并产生经济增长。比如，汽车产业的发展会对特殊钢材有要求，而钢铁生产部门研制出特殊钢材后，这种特殊钢材可以被应用到除汽车以外的其他产业部门，进而导致这些产业发展并产生经济增长。这时前向效应是由于产业发展到一定阶段，产生某种瓶颈，瓶颈的解决会产生新的技术或产业，新的技术或产业能通过降低投入成本或提高生产效率来促进其他产业发展，前向效应的大小要看应用新技术的产业数量和产业规模。

因此，前向效应是通过作为投入品、技术溢出和创造新产业导致的经济增长：通过投入品价格下降导致的经济增长用 ΔY_{out} 表示；通过技术溢出导致的经济增长用 ΔY_{tt} 表示；通过创造新产业导致的经济增长用 ΔY_{ni} 表示。因此市场结构通过前向效应产生的经济增长可以表示为：

$$\Delta Y_{forward} = \Delta Y_{out} + \Delta Y_{tt} + \Delta Y_{ni} \tag{3-43}$$

完整考察市场结构竞争演进的经济增长效应，则应包括通过回顾效应、旁侧效应和前向效应导致的经济增长。所以有：

$$\Delta Y_{ms} = \Delta Y_1 + \Delta Y_{back} + \Delta Y_{side} + \Delta Y_{forward} \tag{3-44}$$

这里的分析可以说是扩展了比较静态分析时的经济增长效应，也可以说将市场结构的经济增长效应分析从抽象变得更具体了。

市场结构演变的不同阶段，通过三种效应导致的经济增长表现也不同。在市场结构演变初期阶段，产业飞速发展形成主导部门之前，回顾效应是最突出的效应，其导致的经济增长幅度也最大。随着企业数量的增加，竞争手段多样化和对市场开拓的要求现代服务业的发展，旁侧效应导致的经济增长也逐渐增加。主导部门形成之后，竞争者数量增加至供需比较平衡，市场结构也稳定到寡头垄断阶段的时候，当重大的技术创新产生并波及其他产业时，前向效应通过对其他产业的技术溢出产生经济增长，关键技术的要求常常会催生新的产业或者使某些产业成长为主导产业，带来主导产业的不断轮换和经济结构升级。

为了完整分析市场结构演变的经济增长效应，可以引入投入—产出分析中的影响力系数。影响力是一个产业影响其他产业的程度，在投入—产出分析的逆阵系数表中，某一产业纵列上的数值反映该产业影响其他产业的程度，据此可以计算该产业的影响力系数，从而了解该产业的生产变化导致其他产业生产发生变化的程度（龙茂发和马明宗，1985；杨治，1985）。令第 j 个产业的影响力系数为 F_j，市场结构竞争演进的总经济增长效应为 $\Delta Y_{ms} = \Delta Y_1 F_1$。如果可以推动经济中高影响力系数产业的市场结构竞争演进，则可提高整体经济增长速度。

3.2.4　综合效应

由于市场结构演变的各个阶段发生的投资量不同，产业在生命周期不同阶段对国民经济中的影响力不同。新企业的进入一般进行固定资产投资，虽然固定资产投资中的一部分已经包含在成本函数中的平均成本中，但现实中，分摊在未来商品产量中的固定资产投资——表现为平均不变成本常常是一次投资的。因此企业进入初始投资较大，不但包括固定资产投资，而且包括第一期购买原材料投资和工资。如果用 $K_{t=0}$ 表示初期总投资，则有 $K_{t=0} = K_f + K_v$，其中 K_f 为固定资产投资，而 K_v 为流动资产投资，那么后续期投资一般为 $K_{t=1}=K_v$。这些投资都将通过乘数效应带动相关产业的发展和经济结构的升级，使新投资通过需求扩大效应产生经济增长和国民收入增加。

发生市场结构竞争演进的产业的增加值表示为 $Y_1=F(K,L)$，其投入要素为 K 和 L。Y_2，Y_3，Y_4，$\cdots$，Y_n 表示其他产业的增加值，则国内生产总值可以表示为 $GDP=\sum_{i=1}^{n}Y_i$。由于市场结构改变，而使该产业增加值的增长为 ΔY_1。由该产业市场结构改变而产生的其他产业增加值增长记做 ΔY_2，ΔY_3，ΔY_4，$\cdots$，ΔY_n，那么市场结构的增长效应就可以表述为：

$$\Delta Y_{ms}=\Delta GDP_{ms}=\sum_{i=1}^{n}\Delta Y_i \qquad (3-45)$$

上节的市场结构竞争演进导致的经济增长可以表示为：

$$\Delta Y_{ms}=\Delta Y_1+\Delta Y_{in} \qquad (3-46)$$

其中，ΔY_{ms} 表示市场结构的经济增长效应，ΔY_{in} 表示投入品产业增加值的增长。如果比较静态分析中的时期小于固定资产折旧期，则只有部分的固定资产投资的经济增长效应被纳入到了比较静态分析中。为了使市场结构演变的经济增长效应分析更完整，必须考察投资的乘数效应。当 $t=0$ 时，新企业成立进行的投资为 $K_{t=0}=K_f+K_v$，设定 K_f 的投资乘数为 μ，K_v 的投资乘数为 γ，则 $\Delta Y_{ms}=\Delta Y_1+\Delta Y_{in}=K_f\mu+K_v\gamma$。该分析的意义在于，初期投资的经济增长效应被突出。下面对市场结构竞争演进的经济增长效应进行动态考查。

从市场放开的时点开始，随着市场的竞争者不断增加，该产业市场收入不断增长，这是新企业设立及投资不断增加的过程，市场结构的经济增长效应主要表现为其对投入品产业的回顾效应。

随着市场结构竞争演进，企业采用竞争手段包括定价行为（比如降价）、纵向一体化（利用速度经济和规模经济）、多样化经营（利用范围经济），销售努力（销售网络的铺设、信息性广告和经验性广告）和研发创新等，该产业的繁荣，对城市基础设施建设、服务业等产生旁侧效应。

通过不断的试错性的搜寻与选择，企业随时间而演变（盛昭瀚和蒋德鹏，2002）。由于企业之间的能力和实力有差异，创新成功率有高低，经过时间洗礼，形成优势企业与劣势企业。优势企业通过各种竞争手段创造更高效率时，劣势企业无法抵挡竞争，通过退出市场或者企业之间兼并收购，企业的竞争者数量会下降，市场的集中度逐渐上升，最终形成比较稳定的市场结构——寡头垄断，其产业本身以及带动整个经济增长的速度也会慢慢地降下来以致稳定。一个产业发展到成熟，经济增长效应达到顶点然后稳定，产业规模在国民收入中占有较大比重，继续通过研究开发与技术创新带动经济增长。该产业占国民收入的比重可能由于新产业的比重上升而下降，但是绝对数量却不一定会下降，竞争手段从价格竞争与销售努力，转变为产品功能增加与质量提升，经济增长从粗放型变为集约型，虽然回顾效应变小，但由于其产业规模和持续稳定的创新，仍可通过为其他产业提供发展便利、知识和人力资本等方式产生旁侧和前向效应。

上述动态过程大致可以用曲线 $Y=F(T)$ 表达（见图 3-2）：令 Y 为该产业带动的国民收入，T 表示市场结构变化和竞争的过程，$Y'>0$，$Y''<0$。随着市场放开 $T=0$ 到 $T=t$ 的过程 Y 代表的国民收入不断增加，最终在 t 点达到最大 Y_{max}。这里不考察产业衰退阶段导致的经济增长速度的变化。

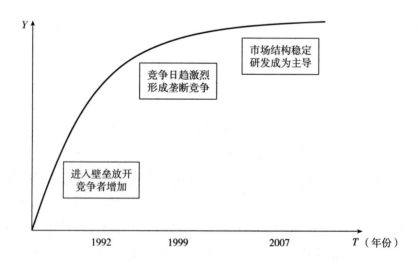

图 3-2　彩电市场结构的经济增长效应示意图

3.3　地区实证分析

　　本节对市场结构竞争演进的经济增长效应通过计量分析进行验证。对于我国市场结构的测量，学者多采用前四（八）家企业的集中度、赫芬达尔指数、大中小企业的基尼系数等方式：毛林根（1996）采用 1985 年中国工业普查数据对主要产业的前八厂集中度、赫芬达尔指数和基尼系数进行了测算，并同 1980 年数据进行动态分析，对我国改革开放以来各产业的市场结构进行了最早且详尽的分析，在此基础上进行我国产业组织政策的手段和目标研究；魏后凯（2002a）采用第三次全国工业普查 521 个制造业近 60 万个企业的数据，考察中国制造业 521 个小行业的市场结构，前四家企业的集中度、前八家企业的集中度、赫芬达尔指数，并进行中国、美国和日本的国别及动态比较，最后对未来市场结构的趋势和政策目标做出分析，魏后凯（2002b）还通过测算熵指数、计算全国前 100 家企业的集中程度，进行国家间比较和动态分析，魏后凯（2002c）按照小行业（分别按加权和不加权计算）和大行业分别进行测算 1995 年制造业的产业集中度，并进行市场结构与技术创新的实证分析；刘小玄（2003）认为市场结构除了计算产业集中度和赫芬达尔指数，还应包含规模企业比重。

　　上述大多是衡量全国各产业的市场结构，更多的是反映全国范围内的企业生产能力的集中程度，但是由于各地区发展情况不同，因此较难反映各个地区消费者选择商品时面临的市场结构。然而对于地区经济增长与市场结构的定量分析时，由于缺乏相应的数据，上述指标难以获得，因此本章提出采用"每万人企业单位数"作为衡量地区市场结构及变化的指标。

3.3.1 指标选取与数据说明

为检验前文理论假说，构造关于中国各省份经济增长的双向固定效应模型：

$$RJGDP_{it} = \beta_0 + \beta_1 MS_{it} + \beta_2 X_{it} + \mu_i + \gamma_t + \varepsilon_{it} \qquad (3-47)$$

其中，被解释变量 $RJGDP$ 表示经济增长，核心解释变量 MS 表示市场结构（Market Structure），其他控制变量 X 包括劳动投入（Labor）、人力资本（Human Capital，HC）、对外开放度（Open）、创新（Innovation）等，μ_i 表示地区效应，γ_t 表示时间效应，ε_{it} 表示误差项。

3.3.1.1 指标选取与数据来源

（1）被解释变量经济增长。

采用人均 GDP、人均可支配收入（稳健性检验、RJSR）衡量各省份经济增长水平，人均 GDP、人均可支配收入数据来源于历年《中国统计年鉴》。

（2）核心解释变量市场结构。

市场结构衡量多采用前四（八）家企业的集中度、赫芬达尔指数、大中小企业的基尼系数（魏后凯，2002a；刘小玄，2003），或重点企业生产能力与行业总产量之比（刘元春和朱戎，2003）等方式。然而，这些衡量方式运用到省级市场结构与经济增长的定量分析时，基础数据无法及时有效获得。因此，根据可竞争市场理论思想，针对市场结构的经济增长效应研究目的，采用"每万人企业单位数"作为省级市场结构衡量指标，每万人的企业单位数越多，消费者在一定交易成本约束下可供选择的企业越多，企业潜在竞争对手越多，市场结构越趋于竞争性，垄断的势力越弱。各省份企业数量数据来自历年中国统计年鉴和第四次经济普查，各省份人口数据来自历年《中国统计年鉴》。

（3）控制变量劳动投入。

在其他同样条件下，地区劳动年龄人口比重高、就业率越高（失业率越低），则劳动投入量更大，有助于提高人均 GDP。借鉴胡厚全

（2022）的研究思路，本章用地区 15~64 岁人口比率、就业率（1-失业率）之积衡量各省份劳动投入情况，相关数据来自历年《中国统计年鉴》。

（4）控制变量人力资本。

人力资本投入可以提高人的智能和体能，增强劳动者胜任复杂劳动的能力。已有研究采用 25 岁以上人口的平均受教育年限、小学和初中入学率（李宏彬等，2009；胡厚全，2022）进行衡量，借鉴相关思路，本章认为大专及以上学历人口占比可以有效衡量比较各地区的人力资本情况，因此采用大专及以上人口占比衡量各地区人力资本情况，相关数据来自历年《中国统计年鉴》。

（5）控制变量对外开放度。

对外开放也是影响各地区经济增长的原因之一，借鉴汪辉平和王增涛（2018）的研究方法，用进出口总额（按境内目的地和货源地口径）占 GDP 比率衡量各地区经济的对外开放度情况，相关数据和换算汇率来自历年《中国统计年鉴》。

（6）控制变量创新。

企业创立经营或进行产品质量差异化竞争，一般会通过研发创新形成发明、实用新型和外观设计等专利，因此参考李宏彬等（2009）、马忠新和陶一桃（2019）的测度方式，用每万人专利申请受理数来衡量各地区的创新，相关数据来自历年《中国统计年鉴》。

3.3.1.2   描述性统计

各变量的描述性统计如表 3-1 所示。

表 3-1   各变量的描述性统计

变量描述	观察值	平均数	标准差	最小值	最大值
人均 GDP（自然对数值）	279	10.999	0.417	10.172	12.156
人均可支配收入（自然对数值）	279	10.171	0.378	9.281	11.285
每万人企业单位数（自然对数值）	279	4.739	0.620	3.344	6.434

变量描述	观察值	平均数	标准差	最小值	最大值
大专及以上学历人口占比	279	0.162	0.078	0.026	0.505
劳动投入人口比例	279	0.693	0.035	0.613	0.802
进出口总额与 GDP 比值	279	0.232	0.231	0.007	1.179
每万人专利申请受理数（自然对数值）	279	2.795	0.937	-0.238	4.945
每万人企业专利申请受理数（自然对数值）	279	1.179	1.150	-2.937	3.331

3.3.2　实证结果分析

3.3.2.1　固定效应模型回归结果分析

以双向固定效应模型为起点，分步骤对市场结构等解释变量与经济增长之间的关系进行分析。首先，比较混合回归模型（PR）和固定效应模型（FE），通过 LSDV 估计和对地区虚拟变量 F 检验，发现 F 检验 P 值均为 0、拒绝原假设、存在个体效应，选择 FE 模型。其次，比较混合回归模型（PR）和随机效应模型（RE），根据检验个体效应的 LM 检验，P 值为 0、拒绝不存在个体效应的原假设，表明模型存在随机效应。最后，比较固定效应模型（FE）和随机效应模型（RE），通过考虑了自相关、异方差和截面相关的系列 Husman 检验，P 值为 0、拒绝原假设，选择 FE 模型。表 3-2 列出固定效应模型的分析结果，固定效应模型的估计系数在 White 标准误、Rogers 标准误、Driscoll-Kraay 标准误（由于该标准误可同时处理异方差、自相关和截面相关，因此表 3-2 括号内汇报该标准误）下均保持一致，表明结果稳健。

表 3-2　固定效应模型的分析结果

被解释变量	人均 GDP					
变量、模型	FE（1）	FE（2）	FE（3）	FE（4）	FE（5）	FE（6）
MS	0.153 *** (0.033)	0.155 *** (0.033)	0.139 *** (0.033)	0.168 ** (0.056)	0.157 *** (0.037)	0.174 ** (0.060)

续表

被解释变量	人均GDP					
变量、模型	FE（1）	FE（2）	FE（3）	FE（4）	FE（5）	FE（6）
HC	—	0.271 （0.169）	—	—	—	-0.270 （0.222）
Labor	—	—	1.472** （0.610）	—	—	1.062* （0.509）
Open	—	—	—	-0.894*** （0.086）	—	-0.912*** （0.092）
Innovation	—	—	—	—	-0.010 （0.013）	-0.051** （0.016）
Constant	10.114*** （0.137）	10.074*** （0.135）	9.121*** （0.396）	10.294*** （0.245）	10.121*** （0.137）	9.656*** （0.440）
R-squared	0.812	0.812	0.818	0.849	0.812	0.854
F	86.55	42.29	49.30	54.54	1302.51	753.96
Observations	279	279	279	279	279	279

注：＊＊＊、＊＊和＊分别表示在1%、5%和10%水平下显著，括号内为稳健标准误，本章余同。

模型（1）至模型（6）中的核心解释变量市场结构的估计系数均显著为正，尤其是模型（1）至模型（3）和模型（5）显著水平达到1%，模型（2）与模型（6）中人力资本的估计系数均不显著，模型（3）与模型（6）中劳动投入的估计系数均显著为正，模型（4）与模型（6）中对外开放度的估计系数均显著为负，模型（6）中创新的估计系数显著为负。对模型（6）的2SLS回归、普通OLS回归的Husman检验，发现P值为0.017、小于0.1，表明两个回归系数在5%的水平上存在显著系统性差异，也就是市场结构变量存在显著内生性问题，因此接下来要通过构建动态面板模型解决内生性问题。

3.3.2.2　系统GMM回归结果分析

为了避免由于遗漏变量等可能造成的内生性问题，接下来将加入被解释变量的滞后一期作为解释变量，构建动态面板模型进行系统广义矩估计

法（GMM）分析（见表 3-3）。模型（7）至模型（12）的 Hansen 检验
的 P 值均显著大于 0.1，说明系统 GMM 估计中工具变量设定的有效性，
Arellano-Bond 检验中 AR（1）的 P 值都显著小于 0.1、AR（2）的 P 值
也均显著大于 0.1，表明一阶差分方程的随机误差项存在一阶自相关而不
存在二阶自相关，估计结果有效。模型（7）至模型（12）的因变量滞后
一期的估计系数为正，均在 1% 的水平下显著，统计上显示上一期的 GDP
对本期 GDP 具有显著的正向影响，表明经济生产活动具有连续性特征。
模型（7）至模型（12）市场结构的估计系数均为正，表明市场结构对于
经济增长具有显著的促进作用，市场结构指标越高，市场竞争程度越强、
产品质量提升和产品多样化程度越高，则人均 GDP 水平越高，从而有效
验证了待检验假说 1。模型（11）和模型（12）加入了创新控制变量后，
市场结构的估计系数显著性较模型（7）至模型（10）有所下降，另外根
据前述理论推导，均提示应检验创新的中介效应，而模型（8）至模型
（12）中的劳动力投入、人力资本、经济开放度、创新的估计系数均不
显著。

表 3-3　系统 GMM 回归结果

被解释变量	人均 GDP					
变量、模型	GMM（7）	GMM（8）	GMM（9）	GMM（10）	GMM（11）	GMM（12）
因变量滞后一期	0.779*** (0.083)	0.944*** (0.061)	0.916*** (0.053)	0.915*** (0.071)	0.895*** (0.036)	0.880*** (0.047)
MS	0.178*** (0.040)	0.071*** (0.021)	0.063** (0.026)	0.139** (0.057)	0.056* (0.030)	0.068* (0.040)
HC	—	−0.191 (0.268)	—	—	—	−0.216 (0.339)
Labor	—	—	−0.558 (0.330)	—	—	−0.602 (0.528)
Open	—	—	—	0.060 (0.116)	—	0.263 (0.201)
Innovation	—	—	—	—	0.005 (0.010)	−0.002 (0.025)

被解释变量	人均 GDP					
变量、模型	GMM（7）	GMM（8）	GMM（9）	GMM（10）	GMM（11）	GMM（12）
Constant	1.687**	0.495	1.105***	0.378	0.950***	1.464***
	(0.811)	(0.733)	(0.356)	(0.717)	(0.318)	(0.479)
Hansen 检验	0.106	0.129	0.237	0.161	0.146	0.192
Arellano-Bond AR（1）	0.001	0.001	0.001	0.001	0.002	0.001
Arellano-Bond AR（2）	0.274	0.302	0.309	0.244	0.263	0.311

3.3.2.3　中介机制分析

下面进一步考察市场结构对创新的影响。通过固定效应模型分析，市场结构对创新影响的估计系数为 0.36，并在 White 标准误、Rogers 标准误、Driscoll-Kraay 标准误下均通过 5% 显著水平，当被解释变量变为规上工业口径的每万人专利申请受理数时，估计系数提高至 0.45，显著性则提升至 1% 水平，可见企业竞争作用于企业专利申请数指标更加直接，结果如表 3-4 中模型（13）和模型（14）所示。由于模型（11）中加入创新之后，市场结构的估计系数从模型（7）中的 0.178 降为 0.056，显著性水平也有所下降，如果换为规模以上工业口径的每万人专利申请受理数，结果如表 3-4 中模型（15）所示市场结构估计系数则为 0.074、在 1% 水平上显著，仍然大幅低于模型（7）中的 0.178，可以作为模型（11）的稳健性检验，因此可以说创新在市场结构竞争化促进经济增长过程中具有部分中介效应，即市场结构通过创新促进经济增长，从而验证了假说 2，但是从企业研发投入、专利再到经济增长的机制仍有待在后续章节中进一步研究。

表 3-4　中介效应的固定效应模型回归结果

被解释变量	创新	企业创新	人均 GDP
变量、模型	FE（13）	FE（14）	GMM（15）
因变量滞后一期	—	—	0.902***
			(0.060)

续表

被解释变量	创新	企业创新	人均 GDP
变量、模型	FE（13）	FE（14）	GMM（15）
MS	0.358**	0.450***	0.074***
	(0.122)	(0.099)	(0.026)
Innovation_ Enterprise	—	—	0.003
			(0.028)
Constant	0.682	-1.098**	0.811
	(0.509)	(0.411)	(0.626)
Hansen 检验	—	—	0.145
Arellano-Bond AR（1）	—	—	0.002
Arellano-Bond AR（2）	—	—	0.245
R-squared	0.764	0.820	—
F	19.54	13.69	—

3.3.2.4 稳健性检验

如果考察经济增长从生产层面的经济产出转移到分配层面的个人收入，则可用人均可支配收入来衡量经济增长，因此下面采用人均可支配收入替换人均 GDP 作为因变量，对固定效应模型分析进行稳健性检验。结果如表 3-5 所示。模型（16）至模型（21）中的核心解释变量市场结构的估计系数均显著为正，除模型（19）以外其他模型显著水平均达到 1%，模型（17）与模型（21）中人力资本的估计系数均为正，模型（18）与模型（21）中劳动投入的估计系数均显著为正，模型（19）与模型（21）中对外开放度的估计系数均显著为负，模型（20）中创新的估计系数在 10% 水平上显著为正。市场结构对人均 GDP 和人均可支配收入的影响在方向上均保持一致，且均较显著，表明市场结构对于经济增长作用的面板数据固定效应估计结果具有稳健性。表 3-6 中模型（22）至模型（23）是采用市场结构和专利申请数滞后一期作为工具变量解决内生性问题检验结果，两个模型均通过弱工具变量检验和过度识别检验，市场结构估计系数显著为正，进一步验证市场结构对人均可支配收入的显著性影响。

表 3-5　稳健性检验

被解释变量	人均可支配收入					
变量、模型	FE（16）	FE（17）	FE（18）	FE（19）	FE（20）	FE（21）
MS	0.056***	0.058***	0.048***	0.058**	0.048***	0.046***
	(0.015)	(0.017)	(0.009)	(0.018)	(0.011)	(0.010)
HC	—	0.397**	—	—	—	0.294
		(0.171)				(0.171)
Labor	—	—	0.861**	—	—	0.746**
			(0.299)			(0.292)
Open	—	—	—	−0.124***	—	−0.070***
				(0.258)		(0.009)
Innovation	—	—	—	—	0.022*	0.015
					(0.012)	(0.010)
Constant	9.611***	9.552***	9.030***	9.636***	9.596***	9.068***
	(0.061)	(0.077)	(0.230)	(0.071)	(0.057)	(0.243)
R-squared	0.983	0.984	0.985	0.984	0.984	0.986
F	1082.28	449.50	1800.66	1201.74	995.68	2330.17
Observations	279	279	279	279	279	279

表 3-6　工具变量分析结果

被解释变量	人均可支配收入	
变量、模型	IV-FE-GMM（22）	IV-FE-GMM（23）
MS	0.542***	0.418***
	(0.018)	(0.046)
HC	—	0.811**
		(0.336)
Labor	—	−0.630
		(0.390)
Open	—	0.026
		(0.132)
Innovation	—	0.045
		(0.028)

被解释变量	人均可支配收入	
变量、模型	IV-FE-GMM（22）	IV-FE-GMM（23）
R-squared	0.803	0.860
F	952.62	277.71
Observations	248	248

3.3.2.5 异质性分析

（1）不同经济发展水平地区异质性。

根据初始人均 GDP 水平排名将 31 个省份分为两个样本（前 15 名一组、后 16 名一组），分别进行系统 GMM 分析，结果如表 3-7 所示。模型（24）至模型（27）的 Hansen 检验的 P 值均显著大于 0.1，Arellano-Bond 检验中 AR（1）的 P 值都显著小于 0.1、AR（2）的 P 值也均显著大于 0.1，估计结果有效。市场结构的估计系数均为正，包括经济发展水平较高 15 个地区的模型（24）至模型（25）的市场结构的估计系数为 0.099 和 0.077，总体高于包括经济发展水平较低 16 个地区的模型（26）至模型（27）的估计系数为 0.065 和 0.056，市场结构的经济增长效应在不同经济发展水平条件下存在明显的异质性，当然这样划分具有一定的主观性，为此下面采用门限分析。

表 3-7　异质性分析结果

被解释变量	人均 GDP			
变量、模型	GMM（24）	GMM（25）	GMM（26）	GMM（27）
因变量滞后一期	0.886*** (0.055)	0.983*** (0.052)	0.786*** (0.046)	0.821*** (0.063)
MS	0.099** (0.038)	0.077** (0.027)	0.065* (0.036)	0.056* (0.029)
HC	—	-0.356 (0.225)	—	-0.088 (0.340)

被解释变量	人均 GDP			
变量、模型	GMM（24）	GMM（25）	GMM（26）	GMM（27）
Constant	0.868 (0.536)	−0.047 (0.584)	2.059*** (0.503)	1.737** (0.650)
Hansen 检验	0.170	0.202	0.614	0.946
Arellano-Bond AR（1）	0.064	0.062	0.019	0.018
Arellano-Bond AR（2）	0.595	0.637	0.328	0.374

（2）门限分析。

以滞后一期的人均 GDP 为门限变量构造面板单门限模型，分析门限个数，表 3-8 结果显示，经济增长水平通过了双重门限检验，三重门限检验未通过，表明经济增长水平存在双重门限，门限值分别为 10.4668 和 10.9478，即当人均 GDP 超过 35130 元和 56829 元这两个门限之后，市场结构的估计系数发生显著变化，表明市场结构的经济增长效应显著改变。非线性回归结果如表 3-9 所示，模型（28）的双重门限下的市场结构的估计系数均在 1% 的水平上显著，当人均 GDP 低于 35130 元时，市场结构的估计系数为 0.170，跨越门槛值之后，市场结构的估计系数提升至 0.209，当人均 GDP 再次跨越门槛值 56829 元之后，市场结构的估计系数则提升至 0.239，表明市场结构的经济增长效应存在非线性特点。当被解释变量变为人均可支配收入后，双重门限检验结果如表 3-8 和表 3-9 的模型（29）所示，门限值有所变化，人均可支配收入门限为 18363 元和 35703 元，双重门限的格局和核心解释变量市场结构的显著性均保持一致。因此，两种异质性分析均表明市场结构的经济增长效应存在异质性。

表 3-8 门限分析结果

门限变量	门限个数	门限值	F 统计值	P 值	Bootstrap 次数
人均 GDP （因变量滞后一期）	单一门限	10.4668	41.61	0.0025	400
	双重门限	10.9478	59.71	0.0000	400
	三重门限	—	36.25	0.6175	400

门限变量	门限个数	门限值	F 统计值	P 值	Bootstrap 次数
人均可支配收入 （因变量滞后一期）	单一门限	9.8181	40.63	0.0125	400
	双重门限	10.4830	41.97	0.0050	400
	三重门限	—	19.89	0.7325	400

表 3-9　非线性回归结果

被解释变量	人均 GDP	人均可支配收入
变量、模型	PT（28）	PT（29）
0. MS	0.170*** （0.032）	0.166*** （0.022）
1. MS	0.209*** （0.030）	0.187*** （0.021）
2. MS	0.239*** （0.029）	0.206*** （0.021）
HC	1.326*** （0.291）	1.430*** （0.205）
Labor	-0.776** （0.383）	-1.303*** （0.270）
Open	-0.732*** （0.113）	-0.056 （0.079）
Innovation	0.013 （0.024）	0.122*** （0.016）
Constant	10.415*** （0.339）	9.633*** （0.237）
R-squared	0.848	0.936
F	13.97	20.36
Observations	279	279

3.3.3　结论与启示

本章借鉴熊彼特关于企业家精神、产业组织创新的经济发展思想，采用价格竞争和产品质量差异化竞争的微观经济分析框架，分析市场结构从垄断向竞争演进过程中企业竞争行为的经济增长效应，采用每万人企业单位数衡量我国 31 个省份的市场结构，对 2014~2022 年我国省级面板数据进行实证分析。研究表明：

第一，每万人企业单位数对地区人均 GDP 的估计系数显著为正，说明市场结构竞争演进产生了正向的经济增长效应。

第二，每万人专利申请数控制变量加入模型降低了市场结构的估计系数，说明创新在市场结构竞争化促进经济增长过程中具有部分中介效应。实证分析中，通过系统 GMM 分析解决内生性问题，并用人均可支配收入替代被解释变量进行稳健性检验，市场结构的估计系数分析结果稳健，且在不同经济增长阶段具有异质性。

研究市场结构竞争演进的经济增长效应，是从经济结构视角和产业组织层面对经济增长理论研究的有益尝试，同时可以弥补企业家精神计量研究中的不足，以便更加全面理解改革开放前后我国经济增长的实践，更客观评估国有企业的贡献。基于研究结论，提出如下建议：

第一，坚持关于公有制经济和非公有制经济的两个"毫不动摇"，尊重和发挥国有企业和民营企业的企业家精神，鼓励国有企业和民营企业发挥各自优势，继续开展混合所有制改革和交叉混合竞争，持续发挥市场结构竞争演进的经济增长效应，为中国式现代化打下坚实的经济基础。

第二，加强反垄断和破除市场准入壁垒，支持国有企业发展数字平台经济，提升平台经济的有效竞争程度，鼓励国有企业和民营企业投资中西部、东北、乡村等经济欠发达地区，通过外来投资的力量破除市场准入壁垒，促进市场结构竞争演进的经济增长效应在落后地区有效发挥，带动落后地区的高质量发展。

第三，强化企业创新的主体地位，促进企业开展全面提高产品质量和增加产品功能的差异化竞争，完善企业创新的财政金融支持体系，营造专精特新等科技型骨干企业和中小微企业创新的良好政策环境，增强企业创新的信心和成功率，继续推动我国经济实现质的有效提升和量的合理增长。

第四，营造鼓励创业创新的市场竞争氛围，通过财政金融政策支持大学科创园区和工业园区的高质量发展，有效降低各类人员创业的办公成本和税费水平，提高普通高校和职业院校学生的创业率和成功率，持续引导城乡企业参与乡村振兴的产业发展，支持一二三产业融合，形成更加合理的城乡关系，提高国民经济的分工水平和效率。

3.4 产业发展历史分析

本节通过案例验证市场结构的经济增长效应。考虑到改革开放前后产业的接续性、对国民经济增长的贡献度、发展动力典型性，选用特定时期的典型产业，以彩电（地方推动投资典型产业）、轿车（吸引外资典型产业）和电信产业（政府推动垄断产业改革典型产业）为例，针对其在特定时期的发展展开分析。分析以产业总产值衡量经济增长直接和回顾效应，增加值衡量经济增长直接效应。

3.4.1 彩电产业

彩电是代表性家电，我国彩电制造业是从改革开放前的黑白电视机升级而来，随着人民生活水平提高和彩电普及，彩电制造业成为拉动国民经济增长的重要产业。自改革开放以来，地方政府推动黑白电视机厂提档升级，彩电市场结构经历了从垄断到竞争的演进过程，其中的垄断不仅表现为市场分割下每个地方市场仅有一家彩电生产企业，而且表现为全国仅有唯一的彩管企业以及销售的价格限制。

3.4.1.1 市场结构竞争演进的条件

彩电制造业的市场结构竞争演进条件包括以下四方面（江小涓，1999）：

第一，彩电生产企业数量增加。原来我国只有北京、天津和上海的三个彩电装配基地，地方政府获得财政自主权后，开始为本地的黑白电视机厂引进彩电装配线，到 1986 年彩电生产企业达到了 75 个，生产能力达到 1700 万台。

第二，彩电核心零件企业数量增加。彩色显像管是彩电的核心零件，1989 年以前彩管生产企业主要是西安彩虹电子，且由国家统一计划分配给各彩电生产企业，从源头上限制了彩电生产企业的发展。随着北京松下彩色显像管公司投产，1991 年后彩管的产量足以供应彩电生产需要，1992 年彩管的统一分配制度自然瓦解。核心零件供给瓶颈的解决提高了彩电产量，进而促使彩电生产企业在市场上的竞争成为可能。

第三，销售渠道拓宽。改革开放以前，彩电销售渠道采用"三级批发体制"（本地商业系统的批发商—消费地省级批发商—市县级批发商—零售商）。改革开放以后，彩电企业直接销往消费地的批发商、零售商或者消费者，不但市场信息传递效率提高、地方政府干预减少，而且建立了大规模的营销网络和售后服务队伍，产生了明显的回顾和旁侧效应。

第四，价格管制放开。销售渠道拓宽和进口彩电数量增加造成彩电供给上升，价格指导已经失去了作用，国家对于彩电的产量控制和价格指导的逐渐取消，使彩电行业进入价格战为标志的竞争快速发展阶段。

3.4.1.2　市场结构竞争演进的阶段

下面考察市场结构的经济增长效应。装配企业的增加、关键零部件的放开以及销售体制的改革，彩电制造业市场结构竞争演进及其巨大的回顾效应、旁侧效应和前向效应，使彩电制造业成为我国经济增长的重要支撑力量，包括彩电装配企业的增加值和零部件企业的增加值的电子工业总产值增长了 12 倍，市场结构竞争演进的经济增长效应可见一斑。在生产效率方面，以长虹和彩虹彩管厂代表的国有企业和军工企业凭借优秀的竞争力取得了良好的经济效益，增强了国有企业和市场改革的信心。彩电市场结构从竞争增加直至寡头垄断稳定的过程中，市场集中度首先是由于企业的增多而下降，其次由于价格战等竞争手段导致的优胜劣汰，企业之间的收购和兼并带来了市场集中度的上升，最后达到大企业为主垄断竞争的均衡局面，大致可分为三个阶段。

第一阶段，1986~1996 年快速成长期。该阶段市场竞争逐渐加剧，前 10 家的销售额基本上保持了 23%~54% 的年增长速度，全国层面市场结构衡量指标赫芬达尔指数逐渐提高，前 4 家和前 10 家集中度上升，但各企业销售渠道、促销手段、售后服务发展不尽同步，还处于竞争逐渐上升的阶段。该阶段彩电价格还有政府指导的因素，市场竞争还不够激烈，前 20 家的赫芬达尔系数从 1986 年的 0.060 下降至 1991 年的 0.059，从 1993 年开始由于兼并收购，才上升到 1996 年的 0.102，如图 3-3 所示。

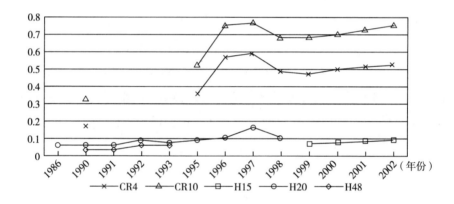

图 3-3 1986~2002 年彩电市场结构演变

注：CR4、CR10 部分年份数据未取得。

资料来源：夏大慰，陈代云，李太勇. 我国彩电工业的产业组织分析 [J]. 财经研究，1999，（8）：35-41.

龚晓峰. 中国彩电产业发展研究 [D]. 成都：西南财经大学，2001.

江小涓. 体制转轨中的增长、绩效与产业组织变化——对中国若干行业的实证分析 [M]. 上海：上海三联书店，上海人民出版社，1999.

郭军芳. 中国彩电行业的产业组织分析 [D]. 北京：中国人民大学，2005.

第二阶段：1997~1999 年激烈竞争期。1996 年长虹发起的彩电价格战，彩电市场竞争进入白热化，价格战使低效率企业迅速衰退，导致了一系列兼并收购重组行为。从 1997~1999 年前 20 家的赫芬达尔指数和前 10

家市场集中度有所下降来看，价格战使得彩电市场结构竞争程度更高。从图 3-4 所示各年彩电产量比较来看，1986~1999 年彩电的产量从 414.6 万台增长到 4262 万台，大约增长了九倍，而 2000~2005 年的五年过程中增长了不到一倍。

第三阶段，2000 年后成熟稳定期。随着经历一轮企业重组后，市场结构趋于稳定，从图 3-3 的前 4 家和前 10 家集中度缓慢上升可以看到。推动经济增长的作用也逐渐减小，根据《中国机械电子工业年鉴（电子卷）》和《中国电子工业年鉴统计》，1990 年的电视机制造业的工业总产值约为 216 亿元，按照 1990 年不变价计算的 1999 年的电视机制造业的工业总产值为 1401 亿元，年均增长 23.1%；而当市场稳定后，2001 年的电视机制造业的工业总产值为 1971 亿元，年均增长为 18.6%，明显低于之前快速成长期和激烈竞争期的增速（见图 3-4）。企业行为也从单纯的投资扩大规模生产、价格战和销售努力等竞争手段，转移到依靠技术创新和产品换代上来。虽然随着加入 WTO 和房地产业的发展，彩电产业仍保持一定增速，但彩电业的经济增长拉动作用已经变小。

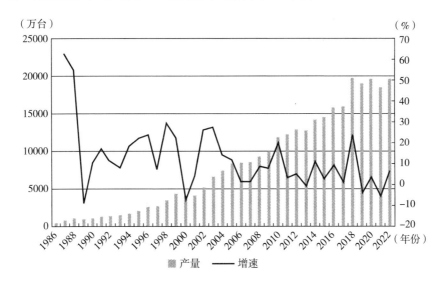

图 3-4　我国彩电历年产量和增速

资料来源：历年《中国统计年鉴》。

因此，从彩电业的发展可以看到，在市场结构从独占到垄断竞争再到寡头垄断过程中，经济增长速度由快到慢。经济增长过程表现出先快后慢、先剧烈后稳定、先粗放后集约的特点。由于电视机存在使用寿命和更新换代，当市场结构稳定之后，彩电产业推动的经济增长速度取决于彩电企业的研发创新，以及其他产业对其替代程度。创新速度越快，新增功能越多，经济增长越快。至于彩电产业推动经济增长的作用能否被替代，则取决于其他产品对彩电功能的替代程度。

彩电制造业市场结构的经济增长效应，是伴随我国改革开放和市场经济发展而来的，其中包含着生产准入和销售市场准入两种效应叠加，而关于生产准入的一个更清晰的例子是我国电信产业的改革。

3.4.2　轿车产业

随着人们生活水平的提高，交通便利需求促使轿车市场的繁荣，轿车产业的经济拉动作用和就业影响力也是其他产业所无法比拟的。轿车产业的市场结构竞争演进表现在四个方面：竞争者增加、价格竞争加剧、需求价格弹性增强、集中度指标下降[①]。

3.4.2.1　竞争者增加

20 世纪 80 年代初，中国轿车只有红旗和上海两个车型，生产企业分别是一汽公司和上汽公司。鉴于中国轿车工业的技术基础薄弱，1984 年开始走上"以合资引进技术"的道路。从 1986 年起汽车工业被列为支柱产业，汽车生产企业逐渐增加，市场结构的竞争程度逐渐提高。我国明确重点建设一汽、二汽和上海三个轿车生产企业。随着市场需求的扩大，1997 年之后轿车制造业的竞争者进一步增加，其中包括一些民营企业。具体如表3-10 所示。

---

① 本章轿车产业的相关历史材料取材于刘志迎（2005），钱世超（2005），施中华（2006）以及王龙（2006）。

表 3-10　我国轿车企业发展时间简表

时间	企业（品牌）
最初	一汽（红旗牌）、上汽（上海牌）
1984~1990 年	北汽（北京吉普，1984 年）、上海大众（桑塔纳，1985 年）、广汽（标致，1985 年）、天汽（夏利，1986 年）
1991~1995 年	一汽大众（捷达，1991 年）、一汽海南（马自达，1992 年）、兵总四企业（奥拓，1992 年）、二汽神龙（富康，1993 年）、贵州航空（云雀，1994 年）
1996~2001 年	上海通用（别克，1997 年）、奇瑞（1997 年）、广汽本田（雅阁，1998 年）、浙江吉利（1999 年）、江苏悦达（1999 年）、南京菲亚特（1999 年）、昌河（铃木，1999 年）、风神蓝鸟（2000 年）、天津丰田（2000 年）、哈飞百利（2001 年）、长安福特（2001 年）、北京现代（2001 年）

3.4.2.2　价格竞争加剧

轿车价格在 1994 年之前实行国家计划指定价。随着市场竞争者的增加，1996 年开始比较激烈的价格竞争（干春晖等，2002），价格管制已经无必要。因此，2001 年国家计委放开了国产轿车价格的政策，价格将由企业根据市场供求自主确定。

消费信贷政策也对轿车市场繁荣产生促进作用（钱世超，2005），轿车市场集中度开始下降。各个轿车企业的经销商逐渐增加，销售努力使得消费者面对的市场竞争度大幅提高，在同样的信息成本和交通成本下，消费者可选择的品种大幅增加。

3.4.2.3　需求价格弹性增强

消费者需求价格弹性高表明市场竞争程度高。在轿车需求市场上，政府采购具有相对较低的需求价格弹性，个人消费者的需求价格弹性相对较高，私人需求的增加，加剧了轿车企业的竞争。在 1995 年私人购买比重只有 30%，而 2000 年增加到 50% 以上。因此 2000 年之后，市场的竞争程度更加激烈。

3.4.2.4　集中度指标下降

集中度指标主要包括前三家集中度 CR3、前四家集中度 CR4、前四家 HI 指数、第一名企业市场占有率，如图 3-5 所示。从 1997 年开始，前三厂的集中度开始呈下降趋势，2000 年、2001 年下降加快。从前四厂的集中度和赫芬达尔指数来看，2002 年是市场结构变化最剧烈的一年，前四厂的集中度下降了近 13 个百分点，而 HI 指数下降了 6 个百分点，下降幅度达 33%。

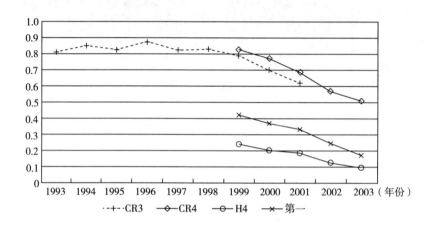

图 3-5　1993~2003 年轿车市场结构演变

注：1993~2001 年 CR3 数据来自干春晖等（2002）的研究；1999~2003 年数据来自钱世超（2005）的研究；1997 年、2001 年、2003 年、2004 年的数据可以通过测算，参见施中华（2006）、王龙（2006）的研究。

3.4.2.5　经济增长效应的阶段分析

经济增长效应可以用如下指标衡量：轿车产量、汽车产业增加值（由于轿车在汽车产业中举足轻重，因此近似代表轿车产业本身表现的经济增长）、汽车产业总产值（近似代表轿车市场结构的回顾旁侧和前向效应）。通过以上对轿车制造业的简述，竞争企业增加集中在 1991~1993 年、1997~2001 年，轿车产量在 1991~1993 年与 2002~2003 年这两个时期的增长率最快超过 30%（见图 3-6）。

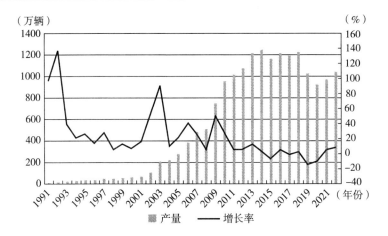

图 3-6　1991~2022 年中国轿车各年产量

资料来源：历年《中国统计年鉴》。

1991~1993 年轿车产量的大幅度增加，一方面是因为新成立的一汽大众、海南马自达以及生产调整的奥拓汽车；另一方面主要是政府采购的增加和已有企业扩大产能的结果（尤其是上汽桑塔纳）。此时的汽车工业基本上处于国家管制的状态，价格也都是国家指导价，购买者多为政府部门，直到 1995 年私人购买只有 30% 的比例，市场竞争程度不高。1993~1996 年，轿车产量增长率逐渐下降，市场结构的经济增长效应随着时间呈下降趋势。

1997 年轿车产量增长率提高是因为 1996 年价格战使得竞争加剧，市场结构也从两家寡头垄断逐渐向 "1+1+3" 的结构转变。1997 年各品牌的销量增速差异明显，前两位桑塔纳和夏利销量增速分别为 15.08% 和 11.57%，新进企业捷达（含高尔夫）、奥拓和富康销量增速分别为 68.57%、96.36% 和 285.21%（施中华，2006）。

1998~2002 年汽车产业增加值的增长率趋于上升，是由于 2002 年新企业的加入和价格管制的放开，每年都有新车型加入市场竞争，市场结构的竞争性有质的提升，2002 年经济增长率达到最大。新品上市和价格战的日趋激烈，市场结构的竞争性增强，市场结构从寡头垄断逐渐变为垄断竞争。但市场结构的经济增长效应呈现下降趋势，2003 年以后汽车产业增加值的增长率呈现下降趋势。

轿车市场结构竞争演进推动本产业和相关产业经济增长，从 1997～1998 年的经济增长来看，增加值增速是 1997 年上升、1998 年下降，而总产值增速变化则刚好相反，如图 3-7 所示。从 2002～2005 年的经济增长来看，增加值和总产值变化趋势一致，总产值下降速度慢于增加值，轿车市场结构稳定后，产业的回顾效应导致的经济增长速度比本产业下降更慢，可能是轿车生产原材料价格调整滞后于整车所致。

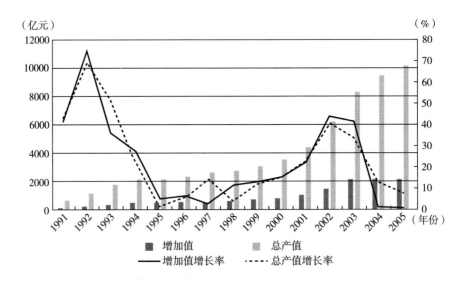

图 3-7   1991～2005 年中国汽车各年增加值、总产值及增长率

资料来源：历年《中国汽车工业年鉴》。

随着国产汽车质量提升、合资品牌新车型国产化和进口车成本下降的增加，轿车业的市场竞争日趋激烈和迭代升级，以比亚迪为代表的新能源车品牌崛起和智能驾驶技术迭代升级，促使轿车产业投入更多的研发资金来推动中国制造轿车出口和经济增长。

3.4.3　电信产业

中国电信业初期业务运营商只有一家企业——中国电信，随着世界各国电信业开始引入竞争、民营化和放松管制改革，中国电信业从 1994 年开始成立第二家电信服务供应商——中国联通，经过新企业成立和中国电信集团的拆分，最终在移动通信、固定电话、数据通信和 IP 长途电话等多个服务领域形成了日趋竞争化的局面，市场结构经历独占、寡头垄断到垄断竞争的演进过程。

在中国电信独家垄断时期，缺乏竞争使得安装固定电话费用高、排队时间长，移动通信服务消费仅限少数高收入者，电信产业和通信设备制造业在国内生产总值中占比很低。我国电信业改革得益于技术变革和市场需求两种力量的推动（王伯成，2006）。同时，国外电信业改革也为我国提供了经验借鉴。中国联通的成立是电信业改革起点，竞争者数量从一到二，中国电信业企业改革历程如表 3-11 所示。

表 3-11　中国电信业企业改革历程

年份	中国电信	中国联通	中国移动	中国吉通	中国网通
1994	寻呼业务剥离成立国信寻呼有限责任公司	公司成立，可经营无线通信业务和电信增值，批准范围的市话业务和长途电话业务①。电信业务市场竞争开始	—	电子工业部组建，经营范围是建设和运作公用数据网，卫星通信服务和互联网服务等	
1999	移动通信部门剥离成立中国移动通信集团	国信寻呼公司并入中国联通	中国电信的移动通信部门剥离成立中国移动通信集团	吉通公司提供 IP 电话业务从事长途通信业务	公司成立，经营宽带通信业务和 IP 电话业务

---

① 因为在邮电部公用电话网覆盖不到或公用市话网能力严重不足的地区，可开展市话业务，在某些地区经邮电部批准，可提供长途电话服务。

续表

年份	中国电信	中国联通	中国移动	中国吉通	中国网通
2002	南北分拆，南方省电信公司继续使用中国电信名称	—	—	—	中国电信北方十省公司、中国吉通并入中国网通
2008	中国电信收购中国联通 CD-MA 网络和业务	—	中国铁通并入中国移动。（中国铁通 2000 年成立，开展移动通信业务外的基础电信业务和增值业务）	—	—
2009	中国卫通基础电信业务并入	中国网通并入中国联通	—	—	—

资料来源：王伯成. 电信竞争的形成——机理、路径与管制治理［D］. 广州：暨南大学，2006.

3.4.3.1 经济增长效应的直接表现——电信业务量的增长

新企业成立、原有企业分拆，使得电信市场上竞争者数量的增加，市场结构逐渐从中国电信一家独占，演进为两家寡头垄断直至六家企业的垄断竞争的态势。

电信服务价格管制的放开，企业之间开展价格竞争和服务改善，不断满足需求和创造需求，限于早期电信业收入数据难以获得，用电信业务总量变化来说明市场结构竞争演进的经济增长效应。由表 3-11 和图 3-8 可以看出，1994 年中国联通、中国吉通、国信寻呼公司成立，市场结构从独占变为寡头垄断，引致电信业务量 1994~1995 年高增速；1999 年中国移动、中国网通成立，市场结构从寡头垄断演进为垄断竞争，引致电信业务量 1999~2000 年高增速；2002 年中国电信南北分拆、小灵通进入移动通信市场引致电信业务量 2002~2004 年高增长。

3.4.3.2 市场结构演变的前向效应：手机产业的发展

电信业市场结构竞争演进的经济增长效应集中体现为前向效应，即互补品手机制造业的快速发展。由于数据获得限制，下面以手机产量衡量该前向效应。

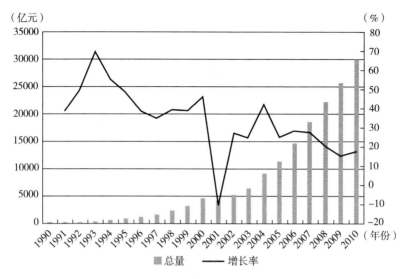

图 3-8　1990~2010 年电信业业务总量及增速

注：限于数据获得性，本章衡量电信业产值变化不是采用传统的增加值法，而是采用邮电业务总量的计量方式，从而做近似分析。根据《中国统计年鉴 2006》说明，邮电业务总量指以价值量形式表现的邮电通信企业为社会提供各类邮电通信服务的总数量。邮电业务量按专业分类包括函件、包件、汇票、报刊发行、邮政快件、特快专递、邮政储蓄、集邮、公众电报、用户电报、传真、长途电话、出租电路、无线寻呼、移动电话、分组交换数据通信、出租代维等。计算方法为各类产品乘以相应的平均单价（不变价）之和，再加上出租电路和设备、代用户维护电话交换机和线路等的服务收入。该指标综合反映了一定时期邮电业务发展的总成果，是研究邮电业务量构成和发展趋势的重要指标。

资料来源：历年《中国统计年鉴》。

在移动通信市场上，1994~1999 年是处于弱势地位的中国联通和中国电信的竞争期。随着中国移动从中国电信分拆出来，中国联通并购国信寻呼，1999 年开始移动通信市场双寡头竞争更加激烈，随着中国电信推出有限范围移动通信的小灵通业务，移动通信竞争企业数达到三个。2000~2004 年市场结构的变化来看，在收入占比方面，中国移动 2000 年占比为81.6%、2004 年降至 72%，中国联通 2000 年占比为 18.4%、2004 年升至28%，在用户数占比方面，中国移动 2000 年占比为 78%、2004 年降至64.5%，中国联通 2000 年占比为 22%、2004 年升至 35.5%。2000 ~

2004 年，中国移动垄断势力逐渐下降，中国联通的竞争力越来越强。

由图 3-9 可以看出，从 2000 年手机产量 5248 万台到 2007 年 54857 万台，增至原来的十倍多。其中，2001~2005 年增长率从 51%逐渐下降到 28%，前向效应呈现增速下降趋势。但随着农村市场和海外市场开拓，手机增速在 2006 年和 2010 年达到较高水平。

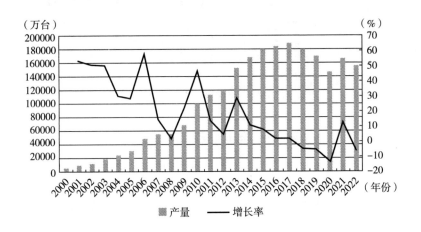

图 3-9 2000~2022 年手机产量及增长率

资料来源：历年《中国统计年鉴》。

小灵通作为区域内移动通信工具可部分替代手机功能，小灵通快速发展时期，也是移动通信市场竞争加剧时期。小灵通的竞争与移动通信业务各年收入增长率如图 3-10 所示。

移动通信业务收入增长率在中国联通、中国移动构成双寡头格局初期 2000 年达到 35.3%的较高水平，随着双寡头垄断市场结构稳定后，移动通信业务收入增长率逐渐下降到 2002 年的 16.7%。中国电信的小灵通参与到移动通信业务竞争中，小灵通的用户数在达到一定市场规模后、在 2003 年增长率出现最大值，2003 年移动通信业务的市场竞争性进一步加剧，经济增长效应同步体现，移动通信业务收入增长率从 2002 年的 16.7%又上升到 2003~2005 年的平均 17.2%。

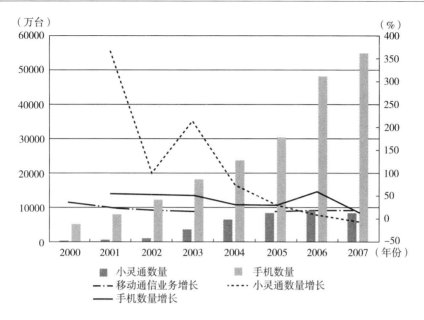

（万台）   （%）

■ 小灵通数量   ■ 手机数量
——·——移动通信业务增长 ·········小灵通数量增长
——— 手机数量增长

图 3-10　小灵通的竞争与移动通信业务各年收入增长率

注：小灵通的用户数 2003 年以后来自该报告的统计和测算。

资料来源：根据历年中国信息产业部发布的《全国通信业发展统计公报》整理。

3.4.3.3　IP 电话市场与移动通信市场的比较分析

长途业务在一定时期是电信服务中发展最快的业务，部分原因是长途业务细分市场的竞争企业更多，市场结构更具竞争性。长途电话包括固定传统长途、移动长途和 IP 电话三种方式。其中长途 IP 电话市场有四家企业进行竞争，而传统长途业务只有两家企业竞争。

下面比较移动通信市场和 IP 电话市场这两个子市场中，市场结构的经济增长效应的不同表现——市场结构竞争性越高则经济增长速度越快。

按照可比的通话量市场占比计算，2004 年只有中国移动和中国联通两家竞争的移动通信市场业务占比的 HI 指数 0.5942，IP 电话市场的 HI 指数 0.2984，移动通信市场上的 HI 指数几乎是 IP 电话市场上的 HI 指数的两倍，HI 指数越高、竞争程度越弱。按照理论分析，竞争性强的 IP 电话市场应比竞争性弱的移动通信市场增长更快（王伯成，2006）。该理论判断可从各业务在电信业务总收入占比变化得到验证①，竞争性更强的长途电话业务从 2003 年占电信业务收入的 14.67%，增长到 2005 年占电信业务收入的 17.68%，上升了 3.01 个百分点。而移动通信业务从 2003 年占电信业务收入的 46.86%，下降到 2005 年占电信业务收入的 44.53%，下降了 2.33 个百分点，如图 3-11 所示。可见，以业务收入衡量市场结构的经济增长效应，收入占比上升的长途电话业务比移动通信业务增长更快，即竞争性更强的市场结构经济增长效应更大。

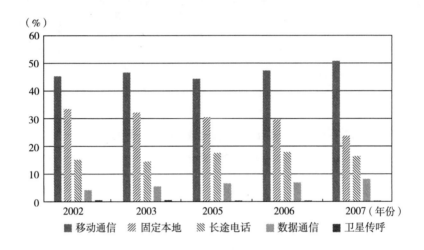

图 3-11 电信业内部各子市场的业务收入比重

资料来源：2002~2007 年全国通信业发展统计公报。

我国电信业采取的是拆分老企业和成立新企业混合的市场结构竞争演进式改革。研究表明，引入竞争是电信业改革的中心环节，其效果好于民营化，引入竞争同时实施民营化，比先民营化再引入竞争效果更好（王伯成，2006）。从电信一家的独占垄断到多家竞争的垄断竞争市场结构，通信服务的价格战提高了消费者的福利，固定电话的安装使用费用大幅下降、逐渐普及，移动手机的普及率超越固定电话，以其巨大的需求弹性扩

---

① 本应该由 2005 年各业务比重与 2004 年相比较，但限于数据可得性，只好用 2003 年替代。

大了市场覆盖。通信基站的设立和通信工具的增加促进信息产品制造业的发展，通信服务网点的铺设也带动了建筑业和销售业等相关产业的发展，市场结构演变的回顾效应使从业人员越来越多地转移到高生产率的部门，使电信基础设施和设备制造业的产业竞争力日趋增强、实现国际领先，市场结构的前向效应使大量技术人才致力于未来通信标准的研发和市场开拓中，手机等通信工具普及提高全社会的信息传递速度提高和企业管理效率。

以上三个产业发展历程支持市场结构竞争演进经济增长效应理论分析，不但促进本产业增加值增长，还通过回顾、旁侧和前向效应带动相关产业增加值增长，经济增长效应随时间推移趋降，经济增长方式逐渐从粗放式发展为集约式。市场结构竞争演进一方面要求竞争者增加，另一方面要求销售市场限制放开、允许价格竞争等。

3.5　市场进入壁垒分析

市场结构从独占、寡头垄断到垄断竞争，初期对经济增长影响最大的因素是进入壁垒，进入壁垒是指各种让企业进入市场变得困难的因素。关于进入壁垒的研究可以追溯到贝恩、斯蒂格勒等产业组织经济学家，产业组织理论对进入壁垒的研究聚焦于在位企业对潜在进入企业的影响（Karakaya 和 Stahl，1989），认为进入壁垒是指市场在位企业对于潜在进入企业的优势，这样的优势使得潜在企业被阻止于市场之外，从成本的角度讲，进入壁垒是指潜在进入企业需要承担的，而不是在位企业需要承担的生产成本（李世英，2005）。

进入壁垒产生原因大致包括两方面：外生因素和内生因素。外生因素来自于外部市场条件，主要包括资本要求、规模经济、绝对成本优势、产品差异、沉没成本、研究与开发强度、资产专用性、垂直一体化、多样化、转换成本、特定风险和不确定性、信息不对称、政府机构设定的正式官方壁垒。而内生因素则主要来自在位主导企业，主要包括在位者的报复和优先购买、过剩的生产能力、销售费用、市场分割、专利、战略资源的排他控制、提高竞争对手的成本、捆绑产品空间、关键竞争状况的保密（威廉和乔安娜，2007）。上述进入壁垒主要针对潜在进入者和在位企业之间的成本比较，此类成本对于潜在进入者的决策产生影响，他们根据进入壁垒高低决定是否进入市场，进而影响市场结构。然而，潜在进入者的进入壁垒并不限于以上方面，政府行政审批效率同样会影响潜在进入者成本收益、投资经营决策，作为一种影响市场结构竞争演进的进入壁垒而客观存在。

受政府行政审批效率影响、与营商环境密切相关、影响潜在企业家是否创业的进入壁垒，对于一个地区或者一个产业的市场结构竞争演进和经济增长至关重要，具体表现为企业设立时审批程序繁杂、审批周期长、相关管理部门设租寻租，消耗创业热情和企业家精力，经济发达地区营商环境一般优于落后地区，我国东部地区进入壁垒较中西部地区更低，企业进入壁垒更高导致经济落后地区市场结构演进和经济增长速度更慢。此类进入壁垒在发展中国家经济转轨时期尤其明显，会伴随企业从创业经营到破产的整个生命周期，当进入壁垒过高时，潜在企业家宁可选择资本市场或房地产投机，而不是实业投资，而资本市场上受益者主体是来自发达地区的企业，此类进入壁垒更不利于落后地区经济增长。为降低进入壁垒、促进市场结构竞争演进的经济增长效应显现，有如下建议：

第一，优化营商环境，降低进入壁垒。党的二十大报告指出了破除地方保护和行政性垄断。行政部门设租和企业寻租行为，提高企业进入壁垒和运行成本，破坏市场竞争环境，降低实际经济增长率。行政部门设租的根本原因是为了实现超额的经济激励，行政部门之间的设租博弈进一步提高进入壁垒，抑制潜在企业家创办企业，使经济陷入困境。因此必须优化营商环境，破除电工保护和行政垄断，提高行政部门审批效率，降低进入壁垒，促进企业家创业和经济增长。

第二，有效降低租金等企业运营成本。企业运营成本中租金是很重要组成部分，房地产过热会导致房租价格过高，超过企业创业承受能力，当不能有效转嫁给消费者的情况下，企业会亏损退出市场。因此，政府可以通过投资设立创业产业园，通过商业租金减免降低房地产租金形成的进入壁垒。此外，发展免租金的夜市，促进网络购物发展、使企业能在租金更低的场所运行，也在一定程度上降低了房租成本导致的市场进入壁垒。

对于进入壁垒最敏感的是小微企业和个体户。随着我国市场进入壁垒下降，我国个体户数量从 2000 年的 2571.4 万户增加至 2019 年的 8261 万户（见图 3-12），从业人员从 5070 万人增长至 17691.2 万人，不但极大促进了市场竞争程度的提升，而且为吸纳就业人口做出了重大贡献。图中显示的 2000~2004 年，个体户数量有下降的现象，主要是因为我国工商系统在 1999 年实行省级垂直管理以后，2000 年在全国统一换发新的《个体工商户营业执照》，同时全面开展了全国范围内的市场整顿，全面制止我国个体经营中存在的违法和违规行为，因此一些不再经营的个体户在清理后就不再计入统计数字。随着我国营商环境的持续改善，市场进入壁垒的降低，我国个体户数量和从业人员在统计上又呈现出持续上升的态势。

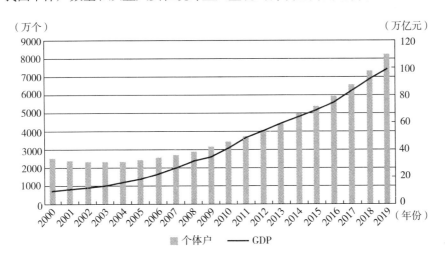

图 3-12　2000~2019 年我国个体户数量和 GDP 增长趋势

资料来源：历年《中国统计年鉴》。

以上是从理论和实证两方面对市场结构的经济增长效应进行分析，但市场结构竞争演进需要企业行为来实现。因此企业行为是经济增长的微观载体，必须考察企业行为与经济增长，才能更清晰地理解经济增长过程。

第4章　销售努力的经济增长效应

　　市场结构竞争演进产生经济增长效应，但是市场结构竞争演进归根结底是企业各种行为的表现和结果，即使产业组织理论研究表明一定的市场结构对企业行为具有重要影响，经济学理论研究的企业行为主要包括：价格决定、投资行为（调整产量）、销售努力（主要是广告）、研发创新、纵向一体化等。随着产业组织理论的发展，纳入分析框架的企业行为逐渐丰富，传统企业理论研究价格理论中的企业行为，需求和供给决定企业的价格和产量，企业调整价格和产量追求利润最大化。产业组织理论旨在研究企业是否存在定价垄断行为、掠夺消费者剩余、降低社会福利，以及企业产量是否达到最优、是否需要政策干预。随着企业科层制度发展，利润最大化的单一目标更加多元化，股票市值上升、市场规模扩大逐渐纳入企业代理人业绩衡量标准，消费者需求多样化和对质量的高要求激励企业进行广告宣传和研发创新，企业行为研究增加广告、股票红利政策、并购和研发等。但是产业组织理论研究企业行为以判断是否形成市场垄断势力、影响社会福利为目的，没有考察企业行为的经济增长效应。

　　本章开始分析企业行为的经济增长效应，企业行为的经济增长的效应大致可分为需求扩大效应的生产率提高效应。新经济增长理论研究了企业的研发创新，社会知识积累和人力资本提高对于经济增长的作用，但理论模型更多是为生产率寻找原因，企业行为研究范围有待拓宽，作用机制还需深入，只有这样才能提出更加有效的政策建议。比如，创新在经济增长理论研究上只与企业的研发行为相关，但实际上企业的销售努力、纵向一体化和分包等对于创新均有重要意义。如果企业不进行一定的销售努力支出（包括广告和销售渠道建设），就无法及时更新市场对创新的需求认知，不能及时推出有效反映市场需求的新产品，研发效率大打折扣，同时销售努力能扩大市场规模、创造产品差异，预期市场规模的扩大，能影响扩大生产规模的投资决策。如果企业不能及时地调整组织结构，利用纵向一体化消除核心原材料供货商敲竹杠市场风险，利用分包制降低管理效率损失，则可能提高新产品成本、影响市场需求，无法让更多消费者享受新产品，则研发创新对经济增长贡献就会打折扣。比如，企业对员工的培训能增加社会知识资本存量，新经济增长理论认为知识资本具有推动经济增长的溢出效应，同时人力资本投资产生对培训机构需求效应。比如，企业融资行为促进了金融业的发展，企业组织机构调整能抑制内部人控制、增加生产努力、加快信息传递、提高全要素生产率等。

本章开始从销售努力、研发（R&D）、纵向一体化三个方面详细分析企业行为的增长效应及其影响因素。我国规模以上工业企业研发经费支出从 2011 年 5993.8 亿元，上升至 2022 年的 19361.8 亿元，研发经费支出虽然增速较快，但是仍远远低于同期的销售费用 30431.7 亿元。销售费用从 2005 年的 7209.4 亿元，上升至 2022 年的 30431.7 亿元（见图 4-1），虽然在 2018 年、2020 年、2022 年出现了较上年有所下滑的现象，但是整体向上的趋势十分显著，销售费用是销售努力（或称营销努力）在企业支出上的货币表现，也就是说，从工业企业成本投入上来看，研发投入仅相当于销售努力的 64%。

关于销售努力的研究散见于产业组织理论，主要包括三个方面：一是从内容来看，销售努力包括广告和非广告销售努力（盛文军，2003），涵盖产品出厂后销售该产品的所有环节，包括广告支出、促销成本、包装、销售渠道和售后服务等，非广告销售努力主要是指销售渠道建设支出和售后服务（如上门安装设备、定期维护和故障修理等）。二是从成本来看，销售成本与生产成本共同构成了长期平均成本，与投资、研发都是企业资

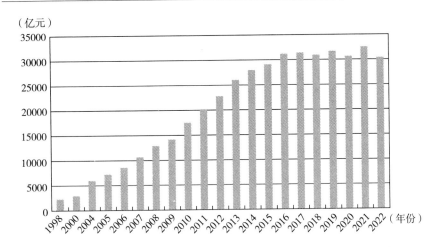

图 4-1　1998～2022 年我国规模以上工业企业销售费用

注：1999、2001～2003 年份的销售费用数据未公布。

资料来源：《中国统计年鉴 2023》。

源的配置方向。三是从效果来看，销售努力创造了产品差异，销售努力可以帮助企业扩张，企业扩张的效果根据产品产出水平高低而不同。

经济增长的研究中，有些文献已经触及销售努力，但仍然存在相应的不足。概括起来主要包括四个方面：一是研究广告比率（即广告支出占销售产值比例）对生产率的正效应。研究表明，广告强度越高，产品差异化程度越大，专业化程度越强，生产率越高（吴延兵，2006），但是这类研究没有直接分析销售努力对总产出的增长效应，也没有研究非广告销售努力的增长作用。二是广告支出与消费增长的关系研究，谢加封等（2012）研究了广告支出与城市和农村消费支出的均衡关系，但同样未研究非广告销售努力的作用。三是销售努力对研发、企业绩效、产业盈利能力的分析，如盛文军（2003）指出销售努力与产业赢利能力之间存在着显著的正相关关系，黄小勇（2015）认为广告行为促进企业当期销售，于建原等（2007）、陈晓红和于涛（2013）探索了营销能力对研发、企业绩效的影响，但是这类研究或者集中于企业层面，或者聚焦于产业盈利，均没有对总产出的效应研究。四是把销售费用作为交易费用的一种，如夏杰长和刘诚（2017）解释行政审批改革促进经济增长的微观机制是节省企业的交易费用。但实际上，销售努力不仅降低了交易费用，同时还具有促进消费的经济增长效应。这些情况表明，到目前，学术界仍然缺乏对销售努力的经济增长效应的全面系统研究。

值得注意的是，随着消费在经济发展中日益重要的作用，经济增长研究逐渐从生产效应扩展到消费效应，如郭广珍等（2019）研究了交通基础设施、汽车消费对经济增长的作用机制。但总的来说，现有经济增长理论及经济增长研究，主要关注的仍然是商品的制造环节和研发环节，没有重视销售环节。经济增长理论中的消费者效用函数没有关于消费品种类的界定，虽然 Spence（1976）研究了消费者对产品多样化的偏好并给出了相应的函数表示形式，但是经济增长模型多是沿着 Ethier（1982）的思路将这种表示法用于生产函数，较少用于消费者效用函数。这可能是经济增长模型始终专注于制造和研发环节，而没有研究销售环节和销售努力的习惯造成的。随着我国进入高质量发展阶段，商品的高质量和高附加值的决定因素逐步从加工制造环节向研发设计、营销服务、品牌经营等环节延伸，中共中央、国务院 2019 年发布的《关于推进贸易高质量发展的意见》也对营销（包括售后服务）给予了前所未有的重视，经济增长理论研究缺失与实践中销售努力的重要性形成强烈反差。本章旨在研究销售努力的经济增长效应，以减少这种反差。

首先本章先从企业层面分析销售努力的企业收入效应，后从产业和总产出层面分析销售努力的经济增长效应，根据分析提出四个假说。其次以我国各地区 2004~2022 年工业经济数据进行面板数据分析，分别利用工业增加值、工业销售产值测算销售努力的产出弹性，进而测算销售努力对经济增长的影响系数，以及销售努力对批发零售业等四个产业的回顾旁侧效应。最后测算销售努力对耐用消费品大众消费的促进作用。

4.1　模型与假说

4.1.1　销售努力的企业收入效应分析

为展开研究，参照广告支出模型（多纳德和德里克，2001），给出企业销售努力支出模型。模型假定销售努力的单位成本为 t，在产品的需求函数中加入销售努力变量 a，则需求为：

$$q=q(a,\ p),\ \frac{\partial q}{\partial a}>0,\ \frac{\partial q}{\partial p}<0 \tag{4-1}$$

企业的利润函数为：

$$\pi=pq(a,\ p)-C[q(a,\ p)]-at \tag{4-2}$$

将利润函数对 a 求导并使其等于零，得到利润最大化条件下的销售努力：

$$\frac{\partial \pi}{\partial a}=\left(p-\frac{\partial C}{\partial q}\right)\frac{\partial q}{\partial a}-t=0 \tag{4-3}$$

整理得：

$$\frac{at}{pq}=\left[\frac{p-(\partial C/\partial q)}{p}\right]\frac{a}{q}\frac{\partial q}{\partial a} \tag{4-4}$$

同样将利润函数对 p 求导并使其等于零，得到利润最大化条件下的价格：

$$\frac{\partial \pi}{\partial p}=q+p\frac{\partial q}{\partial p}-\frac{\partial C}{\partial q}\frac{\partial q}{\partial p}=0 \tag{4-5}$$

整理得：

$$\frac{p-(\partial C/\partial q)}{p}=\frac{1}{E} \tag{4-6}$$

最终整理得到销售努力支出与销售额的比例为：

$$\frac{at}{pq} = \frac{\alpha}{E} \tag{4-7}$$

其中，

$$\alpha = \frac{a}{q} \frac{\partial q}{\partial a} \tag{4-8}$$

α 表示需求的销售努力弹性，代表销售努力对需求创造的程度，而 E 表示需求价格弹性。销售努力支出占销售额的比例与销售努力弹性成正比、与需求价格弹性成反比。

企业在销售努力实施后产生的收入变化函数为：

$$\Delta y = pq - p_0 q_0 = \left(c + \frac{at}{q} + x\right) q - c q_0 \tag{4-9}$$

其中，x 表示单位产品利润，p、q 分别表示销售努力后的价格、销量，p_0、q_0、c 分别表示销售努力前的价格、销量、单位成本，Δy 作为企业收入变动即表示销售努力的收入效应。销售努力的企业收入效应有三种情况。

第一种情况：$q = q_0$，此时销售努力创造的需求量等于单位价格上升抑制的需求量，则：

$$\Delta y = \left(\frac{at}{q} + x\right) q \tag{4-10}$$

销售努力产生企业收入增加效应，效应大小取决于销售量、单位利润、销售努力。

第二种情况：$q > q_0$，此时虽然销售努力产生的销售费用平摊到每个商品的成本上，使得单位商品价格上升，但由于需求价格弹性相对不大，销售努力创造的需求量（吸引的边际消费者）大于单位价格上升抑制的需求量，则：

$$\Delta y = c\ (q - q_0)\ + \left(\frac{at}{q} + x\right) q \tag{4-11}$$

销售努力产生企业收入增加效应，效应大小取决于销售量、单位利润、销售努力、新增需求量（取决于需求的销售努力弹性与需求价格弹性之差）、单位成本。

第三种情况：$q<q_0$，由于需求价格弹性相对较大，此时销售努力创造的需求量小于单位价格上升抑制的需求量，则：

$$\Delta y = \left(\frac{at}{q}+x\right)q-c(q_0-q) \tag{4-12}$$

企业收入效应存在不确定性，如果销售努力和利润之和大于被抑制的净收入，则仍具有企业收入增加效应，反之，则产生企业收入减少效应。

进一步讨论，如果考虑到竞争对手企业的反应，则把对手企业的销售努力 $\bar{a}$ 作为变量纳入需求函数：

$$\pi = pq(a,\ \bar{a},\ p)-C[q(a,\ \bar{a},\ p)]-at \tag{4-13}$$

将利润函数对 a 求导并使其等于零，得到利润最大化条件下的销售努力：

$$\frac{\partial \pi}{\partial a} = \left(p-\frac{\partial C}{\partial q}\right)\left[\frac{\partial q}{\partial a}+\left(\frac{\partial q}{\partial \bar{a}}\frac{\partial \bar{a}}{\partial a}\right)\right]-t=0 \tag{4-14}$$

整理得：

$$\frac{at}{pq} = \left[\frac{p-(\partial C/\partial q)}{p}\right](\alpha+\bar{\alpha}\eta) \tag{4-15}$$

其中，需求对其他企业销售努力的弹性表示为：

$$\bar{\alpha} = \frac{\partial q}{\partial \bar{a}}\frac{\bar{a}}{q} \tag{4-16}$$

其他企业销售努力对该企业销售努力的反应弹性表示为：

$$\eta = \frac{\partial \bar{a}}{\partial a}\frac{a}{\bar{a}} \tag{4-17}$$

因此，当销售努力竞争成为企业普遍的竞争手段，从产业层面扩大需求的效应会逐渐降低，增量竞争变为存量竞争，经济增长效应会减弱，这从 2016 年销售费用达到 3 万亿元后放慢增长可见端倪。

4.1.2 销售努力的经济增长机制分析

销售努力帮助企业促进商品销售，同时也促进了居民消费和经济增长，销售努力促进消费的经济增长效应主要包括需求创造、交易成本降低、产品种类增加、产品质量提升四种机制。销售努力中的广告、销售渠道、售后服务产生经济增长效应的机制也有所不同，同时还对上游及其他产业产生回顾旁侧效应。

4.1.2.1 需求创造效应

在人们不知道如何支配消费支出的条件下，广告可以说服消费者向新方向消费，广告通过描述产品功能和使用感受，说服消费者把潜在需求变为实际需求。一个企业的广告可能促进同类企业的销售，即具有企业外部性、产业内部性（张伯仑，1958），因此广告创造了商品需求，使潜在经济增长成为实际经济增长；销售渠道的营销努力也具备实现潜在需求的功能，因此也具有需求创造效应。销售努力通过需求创造推进需求曲线右移，新的均衡产量和价格均高于没有销售努力的情况。

4.1.2.2 交易费用降低效应

当人们明确自己的实际需求时，广告使消费者了解某商品存在、销售渠道等信息，降低了消费者的信息搜索成本（Stigler，1961），避免了信息不对称导致的卖方垄断，提高了同类商品的竞争程度。销售渠道距离消费者的远近，直接影响消费者当面感知产品的交通成本高低，进而影响信息不对称程度和商品竞争程度，因此销售渠道的设置降低了消费者的交易费用，促进了市场竞争。销售努力通过降低交易费用，使商品价格从垄断水平向竞争水平移动，推动需求曲线和供给曲线同时向右移动，新的均衡产量更高、新的均衡价格更低。

4.1.2.3 产品种类增加效应

广告直接影响消费者效用，进而影响需求，因为广告使消费者产生消费优越感（Stigler 和 Becker，1977），这是广告的品牌声誉效应（黄小勇，2015）。广告的品牌声誉效应产生了商品心理感受种类多样化需求，这与研发增加产品性能不同，研发提高商品物理性能种类多样化需求。新产品具有"创造性破坏"功能，广告也会产生"多样化替代"作用，多样化需求对原商品需求具有一定的替代作用，在多样化替代作用下，多样化可能推动同类商品的需求曲线右移，新的均衡数量如果高于原数量，如果需求价格弹性相对不大，则可能产生经济增长效应。

4.1.2.4　产品质量提升效应

产品质量提升效应来自售后服务，一是质量保证，即在质量保证期内提供无偿维修服务，保证产品质量不下降，如果延长质保期需要增加保证费即延保支出。二是质保期后的有偿维修，质保期后故障维修可以选择厂家的专修服务，也可以选择非厂家的非专修服务，专修服务显然专业化程度更高、信息更对称、零件更匹配，因此售后服务提高了故障维修的市场水平，提高了产品故障后质量恢复可能性，降低了产品质量维护的成本，可使担心产品质量的消费者由潜在需求变为实际需求，可能推进需求曲线右移。三是售后服务具备收集信息的作用（张伯仑，1958），为研发和质量提升提供必要性、方向性、针对性信息，提高产品质量和研发成功率。根据上一章的模型分析，增长效应与质量提升程度成正比。

4.1.2.5　回顾旁侧效应

销售努力的经济增长效应不限于本产业，由于对上游企业和销售网络形成需求，可能导致相关企业收入增加，则产生经济增长回顾效应，促进基础设施和城市建设的增长称之为经济增长旁侧效应（罗斯托，1988）。销售努力的回顾效应主要作用于批发和零售业，交通运输、仓储和邮政业，而旁侧效应主要来自建筑业和房地产业。由于销售努力可能促使上游等企业进行固定资产投资等行为，因此回顾效应与旁侧效应之和往往大于销售努力的支出量。

4.1.3　销售努力的经济增长效应分析

销售努力具有造成产品差异、增加产品种类的功能，可借助产品种类增加型增长模型（格罗斯曼和赫尔普曼，2002；巴罗和萨拉伊马丁，2010），讨论销售努力对经济增长率的作用，整理可得增长率 g 表达式为：

$$g = F\left[(1-\alpha)\frac{L}{a} - \alpha\rho,\ \frac{1-\alpha}{\alpha}\right] \tag{4-18}$$

首先，L表示销售努力影响的消费者数量。广告、销售渠道和售后服务的投入会导致被市场经济影响的消费者更多，因此在销售努力的作用下，L值是上升的，对经济增长率g有提高的作用。

其次，α表示每两种商品的替代弹性。在销售努力作用下多样化偏好程度越大、α值有下降的趋势，代表着两种商品替代难度更大、替代弹性更小、消费者相对更加忠诚，对经济增长率g有提高的作用。

这两方面表明，销售努力对经济增长率具有提升的正效应，使经济增长率g更高。

4.1.4 待检验假说

基于销售努力的经济增长效应分析，可以得到以下待检验假说：

假说1：销售努力能通过实现潜在需求、降低搜索成本、丰富商品种类，产生正相关的经济增长效应。

假说2：销售努力能通过保证产品质量、延长消费时间、提升产品质量，产生正相关的经济增长效应。

假说3：销售努力对相关产业具有正相关的回顾旁侧经济增长效应。

假说4：销售努力促进消费的经济增长效应，使得居民耐用消费品等可选商品消费增长。

4.2　指标选取与数据说明

为考察销售努力的经济增长效应，需要设定生产函数，在已有研究基础上，加入销售努力对柯布道格拉斯生产函数进行拓展。把商品的生产投入从劳动、资本拓展为劳动（L）、固定资产（K）、销售努力（S）、研发投入（R），则总产出满足：

$$Y=F(L,\ K,\ S,\ R) \tag{4-19}$$

假定：

$$Y = AL^{\alpha} K^{\beta} S^{\gamma} R^{\delta} \tag{4-20}$$

其中，α、β、γ、δ 分别表示劳动、资本、销售努力、研发的产出弹性，两边取对数得：

$$lnY = lnA + \alpha lnL + \beta lnK + \gamma lnS + \delta lnR \tag{4-21}$$

对时间求导数得：

$$g_Y = g_A + \alpha g_L + \beta g_K + \gamma g_S + \delta g_R \tag{4-22}$$

其中，g_Y、g_A、g_L、g_K、g_S、g_R 分别代表总产出、生产率、劳动、固定资产、销售努力、研发投入的增长率。

如果假定 α、β、γ、δ 之和等于 1，则对总产出关系式两边除以 L，再取对数、对时间求导，则得到人均产出等的增长率关系式：

$$g_y = g_A + \beta g_k + \gamma g_s + \delta g_r \tag{4-23}$$

其中，g_y 表示人均总产出等的增长率，根据数据回归求解上述产出弹性，以分析各种企业行为对经济增长的影响。

为检验前文理论假说，构造关于中国各省份经济增长的双向固定效应模型：

$$GDP_{it} = \beta_0 + \beta_1 SE_{it} + \beta_2 X_{it} + \mu_i + \gamma_t + \varepsilon_{it} \tag{4-24}$$

其中，被解释变量 GDP 为经济增长，核心解释变量 SE 为销售努力（Sales Efforts，SE），其他控制变量 X 包括劳动投入（Labor）、固定资产（Fixed Assets，FA）、研发投入（R&D），μ_i 表示地区效应，γ_t 表示时间效应，ε_{it} 表示误差项。

4.2.1 指标选取

经济增长理论研究始于制造业，目前销售费用仅有《中国工业统计年鉴》公布的统计数据，因此回归分析销售努力的经济增长效应只能以工业为例，而工业是国民经济的基础，所以基于工业的分析具有重要性和一般性。

本章选取中国各地区工业统计数据，被解释变量选择各地区工业增加值、工业总产值及增长率，解释变量包括各地区销售努力、劳动投入、固定资产、研发及增长率。

4.2.2 数据说明

衡量工业总产出的方式有两种，一种是工业增加值，工业增加值衡量工业部门经济增长，另一种是工业总产值，工业总产值除了包括工业部门经济增长，还包括中间投入产业的经济增长，也就是包括销售努力的回顾旁侧效应。全国 31 个省份的工业增加值数据来自历年《中国统计年鉴》，工业总产值来自历年《中国工业统计年鉴》的规模以上工业企业主营业务收入。

销售努力指标采用规模以上工业企业销售费用作为解释变量，各地区工业销售费用来自历年《中国工业统计年鉴》。根据《中国工业统计年鉴》中的指标解释，销售费用指企业在销售商品和材料、提供劳务的过程中发生的各种费用，包括保险费、包装费、展览费和广告费、商品维修费、预计产品质量保证损失、运输费、装卸费等以及为销售本企业商品而专设的销售机构（含销售网点、售后服务网点等）的职工薪酬、业务费、折旧费等经营费用。借鉴吴延兵（2006）采用 R&D 流量进行测算的观点，采用销售费用测量销售努力具有合理性。销售努力强度（SE Density）采用销售费用与销售产值之比计算而得。

劳动力指标采用工业企业从业人员年平均数量作为解释变量，数据来自历年《中国工业统计年鉴》。

资本指标采用固定资产作为解释变量，各地区工业固定资产采用固定资产原值扣除累计折旧后的固定资产净值数据，数据来自历年《中国工业统计年鉴》，采用该指标避免了利用资本折旧测算做出的各种假定产生的误差。

研发投入指标采用新产品开发经费支出作为解释变量，各地区工业研究支出数据来自历年《中国统计年鉴》。

批发和零售业等四类产业增速、手机消费、汽车消费数据均采用历年

《中国统计年鉴》数据测算。

4.2.3　描述性统计

各变量的描述性统计如表 4-1 所示。

表 4-1　各变量的描述性统计

变量描述	观察值	平均数	标准差	最小值	最大值
工业总产值（取自然对数）	589	27.888	1.500	21.589	30.538
工业总产值增速（人均）	558	0.121	0.112	-0.325	0.550
工业增加值（取自然对数）	589	26.657	1.353	21.193	29.193
工业增加值增速（人均）	558	0.105	0.102	-0.155	0.507
销售努力（取自然对数）	589	24.279	1.412	18.806	27.074
销售努力增速（人均）	558	0.091	0.124	-0.427	1.037
劳动力（取自然对数）	589	14.195	1.331	9.699	16.568
资本（取自然对数）	589	27.105	1.048	22.653	29.046
资本增速（人均）	558	0.089	0.095	-0.254	0.500
研发投入（取自然对数）	465	23.233	1.729	16.611	26.497
研发投入增速（人均）	434	0.079	0.092	-0.254	0.429
销售努力强度	589	0.028	0.010	0.010	0.099
销售努力增速	589	0.109	0.150	-0.377	0.707
批发和零售业增速	589	0.124	0.084	-0.124	0.428
交通运输、仓储和邮政业增速	589	0.095	0.087	-0.222	0.403
房地产业增速	589	0.149	0.121	-0.179	0.724
建筑业增速	589	0.125	0.079	-0.114	0.407
每百户居民手机消费（取自然对数）	589	5.286	0.261	4.338	5.701
每百户居民家用汽车消费（取自然对数）	589	2.659	1.252	-1.470	4.165

4.3 实证结果分析

4.3.1 销售努力对总产出的影响

以双向固定效应模型为起点，分步骤对销售努力等解释变量与营业收入之间的关系进行分析。首先，比较混合回归模型（PR）和固定效应模型（FE），由于存在截面相关问题，因此通过 LSDV 估计和对地区虚拟变量 F 检验，发现 F 检验 P 值均为 0、拒绝原假设、存在个体效应，选择 FE 模型。其次，比较混合回归模型（PR）和随机效应模型（RE），根据检验个体效应的 LM 检验，P 值为 0、拒绝不存在个体效应的原假设，表明模型存在随机效应。最后，比较固定效应模型（FE）和随机效应模型（RE），通过考虑了自相关、异方差和截面相关的系列 Husman 检验，P 值为 0、拒绝原假设，选择 FE 模型。表 4-2 列出固定效应模型的分析结果，固定效应模型的估计系数在 White 标准误、Rogers 标准误、Driscoll-Kraay 标准误下均保持一致，表明结果稳健。

表 4-2 销售努力对总产出的影响

被解释变量	工业总产值				
变量、模型	FE（1）	FE（2）	FE（3）	FE（4）	FE（5）
SE	0.264*** (0.065)	0.538*** (0.044)	0.312*** (0.062)	—	0.254** (0.096)
R&D	—	—	—	—	−0.010 (0.027)
FA	0.430*** (0.042)	0.609*** (0.044)	—	0.451*** (0.046)	0.369*** (0.064)
Labor	0.644*** (0.059)	—	0.977*** (0.081)	0.864*** (0.076)	0.761*** (0.088)

续表

被解释变量	工业总产值				
变量、模型	FE（1）	FE（2）	FE（3）	FE（4）	FE（5）
Constant	0.183 （0.774）	−1.781* （0.944）	5.637*** （0.769）	2.669*** （0.518）	0.979 （1.067）
F	241.38	221.70	81.70	248.28	1186.28
R-squared	0.983	0.975	0.973	0.980	0.955
Observations	589	589	589	589	465

注：***、** 和 * 分别表示在1%、5%和10%显著性水平下显著，括号内为 Driscoll-Kraay 标准误（该标准误可同时处理异方差、自相关和截面相关），本章余同。

为了观察生产函数全貌，表4-2 的回归结果采用劳动、资本、销售努力三种投入分析，发现销售努力的加入降低了劳动和资本的影响系数，尤其是劳动。为了降低多重共线性的影响，采用人均处理，结果如表4-3 所示，与吴延兵（2006）处理方法类似。

表4-3 销售努力对总产出的人均影响

被解释变量	工业总产值（人均）				
变量、模型	FE（6）	FE（7）	FE（8）	FE（9）	FE（10）
SE	0.274*** （0.060）	0.276*** （0.061）	0.274*** （0.089）	0.253** （0.089）	—
R&D	—	—	−0.027 （0.043）	−0.010 （0.025）	0.008 （0.024）
FA	—	0.386*** （0.017）	—	0.371*** （0.023）	0.377*** （0.034）
Constant	10.020*** （0.550）	−0.060 （0.757）	10.830*** （0.885）	0.983 （1.038）	3.118 （1.067）
F	185.16	455.01	129.10	1167.81	1946.95
R-squared	0.960	0.977	0.922	0.953	0.946
Observations	589	589	465	465	465

固定效应回归模型（6）至回归模型（9）销售努力的估计系数均显著为正，表明销售努力与工业企业营业收入显著正相关关系，销售努力具有正向经济增长效应，这一结果符合我们的理论推断，验证了假说1，从而使经济增长研究拓展至销售环节。在基准回归模型中加入研发项，销售努力估计系数没有显著变化，研发的估计系数符号不确定、也不显著，可能是由于研发出来的新产品具有创造性破坏作用。从统计上表明销售努力对经济增长的贡献度大于研发。在定量模型分析中，销售努力可以替代研发，且具有研发不具备的对营业收入贡献的因素，而研发无法替代销售努力，这是因为销售努力对需求影响的因素来自于多个方面，不像研发仅来自于新产品、高质量，因此也验证了假说2。回归模型中的资本、劳动力估计系数均显著为正，同时销售努力加入模型使得常数项在模型中最小，也表明销售努力的加入增强了模型的解释力。

为了应对销售努力与总产出存在内生性问题，因此（IV）模型是分别以销售努力、固定资产、研发投资的滞后一期、滞后二期和滞后三期为工具变量进行二阶段最小二乘法（2SLS）回归，以解决内生性问题，滞后一期工具变量通过弱工具变量检验，同时也通过排他性约束，即滞后一期工具变量影响被解释变量只能通过内生变量，采用全部滞后一期工具变量的回归结果如表4-4中模型（11）和模型（12）所示，表明销售努力的系数均显著为正、大于固定效应模型数值，表明模型回归稳健。模型（13）采用销售努力、固定资产滞后二期和研究开发滞后四期工具变量的回归结果，通过过度识别检验。如模型（13）和模型（14）所示，与采用滞后一期工具变量的结果类似。模型（14）采用全部滞后二期工具变量的回归结果，与采用滞后一期工具变量的结果类似。模型（15）采用销售费用滞后二期、固定资产滞后二期、研究开发滞后二期和三期作为工具变量，销售努力的系数估计结果与模型（11）、模型（13）基本一致。模型（16）采用销售费用滞后二期，固定资产滞后二期、研究开发滞后二期和三期作为工具变量，销售努力的系数估计结果与模型（12）、模型（14）、模型（15）基本一致，模型（16）通过过度识别检验，可以看到四个模型估计结果比较稳健。

表 4-4　销售努力对总产出的人均影响工具变量法结果

被解释变量	工业总产值（人均）					
变量、模型	IV-FE (11)	IV-FE (12)	IV-FE-GMM (13)	IV-FE (14)	IV-FE-GMM (15)	IV-FE-GMM (16)
SE	0.682 *** (0.028)	0.401 *** (0.051)	1.036 *** (0.081)	0.608 *** (0.109)	0.571 *** (0.127)	0.671 *** (0.146)
R&D	—	0.219 *** (0.026)	—	0.139 *** (0.048)	0.176 *** (0.050)	0.176 *** (0.051)
FA	0.414 *** (0.028)	0.361 *** (0.033)	0.166 * (0.094)	0.245 *** (0.056)	0.183 *** (0.066)	0.180 ** (0.084)
Constant	-4.403 *** (0.508)	-2.033 *** (0.726)	—	-0.267 (1.120)	—	—
R-squared	0.808	0.889	0.554	0.820	0.763	0.720
Observations	558	434	341	403	372	341

由于人员、技术继承或固定资本部分调整，营业收入部分取决于上一期营业收入，为了进一步考查人均营业收入的上期影响，采用加入滞后一期的人均营业收入固定效应与系统 GMM 分析结果比较，结果如表 4-5 所示，系统 GMM 模型的 Hansen 检验的 P 值均显著大于 0.1，说明系统 GMM 估计中工具变量设定的有效性，Arellano-Bond 检验中 AR（1）的 P 值都显著小于 0.1、AR（2）的 P 值也均显著大于 0.1，表明一阶差分方程的随机误差项存在一阶自相关而不存在二阶自相关，估计结果有效，发现销售努力估计系数依然显著为正。

表 4-5　销售努力对总产出的人均影响动态面板和 GMM 回归结果

被解释变量	工业总产值（人均）					
变量、模型	FE（17）	FE（18）	FE（19）	GMM（20）	GMM（21）	GMM（22）
因变量滞后一期	0.784 *** (0.033)	0.622 *** (0.041)	0.626 *** (0.041)	0.473 *** (0.164)	0.657 *** (0.147)	0.698 *** (0.157)

被解释变量	工业总产值（人均）					
变量、模型	FE（17）	FE（18）	FE（19）	GMM（20）	GMM（21）	GMM（22）
SE	0.111***	0.128***	0.131***	0.230***	0.158**	0.124*
	(0.030)	(0.029)	(0.029)	(0.067)	(0.074)	(0.063)
FA	—	0.152***	0.150***	—	0.020	0.007
		(0.024)	(0.024)		(0.015)	(0.152)
R&D	—	—	−0.019	—		0.012
			(0.018)			(0.027)
Constant	1.841***	−0.270	−0.145	4.739***	2.492*	2.555*
	(0.470)	(0.562)	(0.573)	(1.545)	(1.232)	(1.471)
F	643.24	664.70	625.96	934.95	3398.14	986.39
R−squared	0.961	0.965	0.965	—	—	—
Arellano−Bond AR(1)	—	—	—	0.027	0.003	0.005
Arellano−Bond AR(2)	—	—	—	0.225	0.168	0.152
Hansen 检验	—	—	—	0.220	0.115	0.179
Observations	434	434	434	527	558	434

4.3.2 销售努力对经济增长的影响

由表4-6可知，固定效应模型（23）至模型（27）以规模以上工业企业营业收入增速为被解释变量，销售努力增速等为解释变量，发现销售努力增速可以对工业营业收入增速进行较好的解释，销售努力估计系数显著为正，销售努力产生显著的正向经济增长效应，这是因为销售努力对需求影响的因素来自于多个方面，对经济增长具有前文所述的五个方面的效应。研发投入增速的估计系数虽然为正，但不显著，可能由于研发具有创造性破坏作用或者作用机制更加复杂。而控制变量固定资产增速虽然显著为正，但低于销售努力，未能达到1%水平上显著，仅加入固定资产时可以达到5%显著水平，在加入研发投入变量后显著水平仅达到10%水平。销售努力增速对工业总产值增速呈显著正相关关系，符合本章的理论模型。

表 4-6　销售努力对经济增长的影响

被解释变量	工业总产值增速（人均）				
变量、模型	FE（23）	FE（24）	FE（25）	FE（26）	FE（27）
SE	0.256*** (0.064)	0.245*** (0.062)	0.284*** (0.083)	0.277*** (0.080)	—
R&D	—	—	0.024 (0.022)	0.019 (0.019)	0.022 (0.017)
FA	—	0.136** (0.048)	—	0.101* (0.053)	0.136* (0.063)
Constant	0.181*** (0.008)	0.165*** (0.011)	0.026** (0.011)	0.013 (0.015)	0.038 (0.012)
F	15.75	10.58	6.73	4.98	2.48
R-squared	0.595	0.606	0.583	0.589	0.522
Observations	558	558	434	434	434

由表 4-7 可知，为了应对销售努力增速与总产出增速存在内生性问题，因此模型（28）是以销售努力、固定资产的滞后一期为销售努力的工具变量进行 IV-FE-GMM 估计，以解决内生性问题，销售努力、固定资产滞后一期工具变量通过弱工具变量检验，同时也通过排他性约束和过度识别检验，即滞后一期工具变量影响被解释变量只能通过内生变量，采用滞后一期工具变量的回归结果如表 4-7 模型（28）所示，表明销售努力的系数均显著为正、大于固定效应模型数值，表明模型回归稳健，模型（29）解释变量加入固定资产结果保持一致。采用滞后二期工具变量的回归结果如模型（30）和模型（31）所示，采用固定资产滞后二期、销售努力和固定资产滞后一期作为销售努力增速的工具变量，结果与模型（28）和模型（29）保持一致。

表 4-7　销售努力增速对总产出增速影响的工具变量法结果

被解释变量	工业总产值增速（人均）			
变量、模型	IV-FE-GMM （28）	IV-FE （29）	IV-FE-GMM （30）	IV-FE-GMM （31）
SE	0.724*** （0.197）	0.889*** （0.310）	0.774*** （0.139）	0.834*** （0.211）
FA	—	-0.319 （0.419）	—	-0.462 （0.305）
Constant	—	0.064** （0.027）	—	—
R-squared	0.080	—	0.026	—
Observations	527	527	496	496

4.3.3　稳健性检验

　　规模以上企业销售努力具有示范效应和溢出效应，因此被解释变量从规模以上工业企业营业收入变为全口径工业增加值，作为稳健性检验具有合理性，结果显示销售努力仍然具有正向经济增长效应，如表 4-8 中固定效应模型（32）所示，但由于工业增加值为全口径，用规模以上员工人数平均时会产生一定偏差、有放大效应，因此系数显著性较总产值有所下降，但仍然可以作为稳健性检验支持前述研究结果。加入固定资产后，模型（33）回归结果未发生明显变化。模型（34）是加入工具变量销售努力滞后一期、固定资产滞后一期之后的结果，销售努力系数在 1% 水平上显著为正，通过弱工具变量检验和过度识别检验，当增加固定资产变量后，估计结果一致，如模型（35）结果所示。

表 4-8　工业增加值与销售努力关系

被解释变量	工业增加值（人均）			
变量、模型	FE（32）	FE（33）	IV-FE-GMM（34）	IV-FE（35）
SE	0.197* （0.096）	0.197* （0.099）	0.929*** （0.018）	0.895*** （0.041）

续表

被解释变量	工业增加值（人均）			
变量、模型	FE（32）	FE（33）	IV-FE-GMM（34）	IV-FE（35）
FA	—	0.073 (0.051)	—	0.036 (0.040)
Constant	9.745*** (0.873)	7.829*** (1.985)	—	2.444*** (0.739)
F	60.78	70.64	2746.33	—
R-squared	0.947	0.948	0.835	0.838
Observations	589	589	558	558

当采用销售努力增速和工业增加值增速进行检验时，销售努力估计系数均显著为正，如表4-9所示。模型（36）至模型（39）的销售努力估计系数均在1%水平上显著，且估计系数水平与表4-8中的估计系数水平保持一致，可以看作新发现的是研发投入增速在模型（38）至模型（40）中显著水平达到5%，且系数为正、但系数小于销售努力，因此在增加值增速影响方面，销售努力增速大于研发投入增速，与固定资产增速影响的水平相当，固定资产增速的估计系数如模型（37）、模型（39）和模型（40）所示，因此工业增加值增速与销售努力增速的统计分析可以作为工业总产值增速与销售努力增速分析的稳健性检验，结果保持一致。

表4-9 工业增加值增速与销售努力增速关系

被解释变量	工业增加值增速（人均）				
变量、模型	FE（36）	FE（37）	FE（38）	FE（39）	FE（40）
SE	0.215*** (0.032)	0.199*** (0.027)	0.187*** (0.047)	0.174*** (0.040)	—
R&D	—	—	0.042** (0.015)	0.034** (0.015)	0.036** (0.016)
FA	—	0.211*** (0.035)	—	0.157*** (0.032)	0.179*** (0.045)

被解释变量	工业增加值增速（人均）				
变量、模型	FE（36）	FE（37）	FE（38）	FE（39）	FE（40）
Constant	0.130*** （0.004）	0.105*** （0.007）	0.006 （0.008）	−0.015 （0.009）	0.001 （0.008）
F	44.31	33.84	9.20	13.35	10.89
R-squared	0.505	0.534	0.524	0.539	0.511
Observations	558	558	434	434	434

4.3.4 销售努力的回顾旁侧效应

由表 4-10 可知，销售努力增速（未作人均处理）对回顾行业交通运输、仓储和邮政业增加值增速的固定效应模型影响系数显著为正，因此，对于交通运输、仓储和邮政业，销售努力具有正向的回顾经济增长效应，但批发和零售业随机效应模型结果不显著，可能是由于受到企业直接销售分流影响，也可能受到批发零售业包含商品种类范围较多影响，导致工业品销售努力随机效应模型中影响不显著。

表 4-10　销售努力的回顾效应分析

被解释变量	交通运输、仓储和邮政业 增加值增速		批发和零售业增加值增速	
变量、模型	FE（41）	FE（42）	FE（43）	FE（44）
SE	0.074*** （0.022）	0.063** （0.022）	0.015 （0.032）	0.025 （0.029）
SE Density	—	0.874 （0.672）	—	−0.697 （0.691）
Constant	0.040*** （0.005）	0.012 （0.022）	0.150*** （0.007）	0.172*** （0.026）
F	11.29	7.54	—	—
R-squared	0.386	0.388	0.509	0.511
Observations	589	589	589	589

由表 4-11 可知，销售努力增速（未作人均处理）对旁侧行业房地产业、建筑业增加值增速的固定效应模型影响系数均显著为正，表明对于房地产业、建筑业，销售努力具有正向的旁侧经济增长效应，验证了假说3。而销售努力强度影响系数均未通过显著性检验，但该变量加入模型可作为稳健性检验。

表 4-11　销售努力的旁侧效应分析

被解释变量	房地产业增加值增速		建筑业增加值增速	
变量、模型	FE（45）	FE（46）	FE（47）	FE（48）
SE	0.103 ** （0.046）	0.128 ** （0.049）	0.051 ** （0.021）	0.059 *** （0.017）
SE Density	—	-1.988 * （0.997）	—	-0.607 （-0.668）
Constant	0.151 *** （0.010）	0.215 *** （0.032）	0.129 *** （0.005）	0.148 *** （0.025）
F	4.96	4.08	6.18	8.21
R-squared	0.357	0.363	0.626	0.628
Observations	589	589	589	589

4.3.5　销售努力促进居民耐用品消费的效应

由表 4-12 可知，以手机和汽车为例，城镇居民平均每百户年末手机、家用汽车拥有量被解释变量，模型（49）表明销售努力（未作人均处理）对居民手机消费的影响显著为正，在考虑了销售努力强度之后，模型（50）结果依然显著。模型（51）表明销售努力对居民家用汽车消费的影响为正、但不显著，在考虑了销售努力强度之后、显著程度有所提高，这符合理论模型的推断，验证了假说4，销售努力使消费品增加了种类、提升了质量，促进了居民可选耐用品消费的大力发展，有利于逐步提升了总消费在 GDP 中的比重，使消费在经济发展中发挥越来越重要的基础作用。

表 4-12　销售努力促进居民耐用品消费的效应分析

被解释变量	手机消费		家用汽车消费	
变量、模型	FE (49)	FE (50)	FE (51)	FE (52)
SE	0.059***	0.075***	0.324	0.389*
	(0.010)	(0.014)	(0.199)	(0.220)
SE Density	—	-3.506***	—	-13.965***
		(0.935)		(2.845)
Constant	3.305***	3.052***	-7.327	-8.333
	(0.236)	(0.302)	(4.586)	(4.995)
F	1906.92	654.13	87.77	467.46
R-squared	0.908	0.913	0.928	0.931
Observations	589	589	589	589

4.4　结论与启示

本章通过引入销售努力作为经济增长的影响因素，分析销售努力促进消费的经济增长效应机制，基于2004~2022年中国各地区工业统计数据，采用面板数据模型分析方法，测算销售努力的经济增长效应。实证结果显示：第一，销售努力对经济增长具有促进作用。第二，销售努力的产出弹性为正，且大于研发的产出弹性。第三，销售努力通过回顾旁侧效应推动了交通运输业、房地产业和建筑业等部门增长。第四，销售努力对手机等耐用消费品的大众消费具有促进作用。根据上述实证结果和研究结论，本章提出以下政策建议：

第一，鼓励加大销售努力投入，有效提供配套基础设施公共品。促进电商、微商发展，充分调动企业中员工的销售积极性，如公司高管带头开网店、微店、直播；在城市商业区、工业园、创业园、农村提供电商技术指导，使中小企业、个体户、农户能运用电商、微商；促进快递业、物流业、交通基础设施发展，为网络销售努力实现交易效果提供便利支持；对于有公共品性质的广告（如地理标志产品），加强公益广告宣传（如书记晒文旅、晒特产等），降低小微企业的成本，更好地促进经济增长。

第二，提供高质量销售服务，促进销售与生产、研发的融合。提供更高技术含量、个性化、定制化的销售服务，满足消费者日益增长、范围更广、要求更高的美好生活需要，使企业高盈利、生活的高质量、发展的高质量兼容，充分发挥销售努力的产品种类增加、质量提升效应；加强对售后服务机构的监督和管理，奖励有价值的信息反馈，为研发提供方向，帮助提升产品质量和性能，促进经济高质量增长。

第三，加强销售服务的监管，避免欺骗性消费和绑架性消费。打击虚假广告宣传，鼓励竞争对手之间的虚假宣传监督举报，对软件网页等易引起误操作、强制操作的过度广告宣传予以监管限制，避免欺骗性消费和绑架性消费等不合理的经济增长。

第5章　企业研发的经济增长效应

　　经济增长理论认为企业研发通过产品的多样化和质量提升能提高消费者总效用和生产率，从而促进经济增长（潘士远和史晋川，2002）。熊彼特（1990，2000）早期强调创新对经济发展的意义，从可用于研发投入资金角度认为垄断竞争的市场结构比完全竞争更利于研发，新增长理论进而认为产品市场竞争程度对于研发水平和经济增长是不利的（阿吉翁和霍依特，2004）。产业组织理论认为在位企业研发可以创造产品差别，从而对潜在进入者形成进入障碍，维护竞争优势地位，因此企业常常投入巨大的人力物力进行研发（多纳德和德里克，2001）。但是研发纳入经济增长等模型时假定专门研发部门企业进行研发（严成樑和龚六堂，2013），与经济现实中一般企业把研发创新作为差异化竞争的手段之一不甚相符，因此其得到的竞争不利于研发创新的结论值得商榷。

　　采用分析企业改进技术、提高生产率的模型进行企业研发博弈分析（张衔等，2019），发现即使在考虑研发成功概率的情况下，由于任何企业都无法保证竞争对手的研发成功概率为零，而一旦对手研发成功，新产品对旧产品造成替代，就会使不研发企业收益受损，因此企业进行研发投入就成了严格占有策略。所以经济增长理论模型中关于创新受到市场竞争的负面影响、受到政府补贴的挤出效应是难以反映企业研发创新事实的（王军和张一飞，2016；周文和和郭玉清，2007），竞争激烈导致创新租金被迅速消散，政府是否对研发进行补贴，两者并不能作为企业是否研发或投入多少决策的决定因素。相反地，竞争促进了企业研发投入，坚定企业研发创新决心。因此在企业长期经营的前提下，研发投入创新必然不遗余力，如华为等企业持续多年的巨额研发投入。历年《中国统计年鉴》数据显示，从全国企业研发投入来看，我国规模以上工业企业研发经费支出从 2011 年 5993.8 亿元，上升至 2022 年的 19361.8 亿元，而工业企业专利申请受理数则从 2011 年 386075 件，上升至 2022 年的 1507296 件（见图 5-1）。同时，研发与经济增长关系的计量研究由于没有建立在对其机制链条进行有效分析的基础上，导致短期数据计量分析结论与企业长期行为理论模型存在矛盾之处（刘新同，2009；李剑和沈坤荣，2009；张鹏，2014；严成樑和朱明亮；2016）。

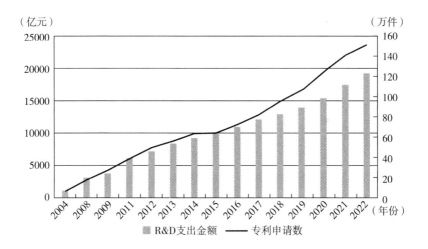

图 5-1　2004~2022 年我国规模以上工业企业历年 R&D 支出金额、专利申请数

注：由于国家统计局统计口径调整，部分年份数据未取得。

资料来源：历年《中国统计年鉴》。

因此，本章梳理了企业研发作用于经济增长的机制链条，在此基础上采用历年《中国统计年鉴》《中国工业统计年鉴》和第四次经济普查 2014~2022 年我国规上工业企业研发投入等数据开展计量分析，研究企业研发投入对创新专利产出、新产品销售收入和工业经济增长的一系列作用机制，从而丰富企业研发创新对经济增长的影响研究，为研发创新政策制定提供一定参考。

5.1 模型与假说

在价格竞争之外，差异化竞争是企业更常用的竞争手段。而商品差异可以用广告来创造，根本上是通过企业研究与开发，产生满足市场需要的产品创新，因此企业愿意投入巨大人力物力进行研发。产业组织理论关注研发创新造成产品差别，对潜在竞争者形成进入壁垒，以维护自身竞争优势地位。经济增长理论认为研发创新带来产品多样化，可以提高消费者效用和企业生产率，带来经济增长（潘士远和史晋川，2002）。企业依靠巨大研发投入和创新效率获得国际竞争优势，所在国家也实现较快经济增长，成为经济发达国家，并继续保持高水平的研发投入 GDP 占比以维持竞争优势，因此我们必须探索研发作用于经济增长的内在机制。

熊彼特（1990，2000）强调了创新对经济发展的意义，提出企业进行研发创新是更重要的竞争手段，指出市场结构对研发行为的影响。熊彼特把经济发展定义为整个社会不断实现和执行新的组合，而新的组合包括：采用一种新产品或产品的一种新特性；采用一种新的生产方法或产品处理方式（或运输方法）；开辟一个新的市场；获得原材料或半成品一种新的供应来源；实现一种工业的新组织（或产业组织形式，巨大规模的控制机构，垄断或打破垄断，卡特尔类型的"贸易限制"）。企业家的职能就是实现"创新"——"建立一种新的生产函数"，把生产要素和生产条件的"新组合"引入生产体系。熊彼特认为与质量竞争和销售努力相比，价格竞争的地位就会降低。现实中，有价值的不是价格竞争，而是创新竞争和质量竞争，这种竞争冲击现有企业的基础和生命，具有更大的效率（熊彼特，2000）。熊彼特讨论了创新和质量竞争之后，认为完全竞争并不是最好的市场结构，而大规模企业的垄断竞争更利于经济发展。这是因为，完全竞争常常和技术进步不相容，大规模企业更有利于采用先进的生产方法，许多完全竞争的企业技术效率很低，而现代企业当具备一定条件之后就开始关注研发从而争取技术进步。后来的新增长理论经济学家以及沿着熊彼特的思路对企业研发、市场结构与经济增长进行了大量的理论探索与实证分析。

在熊彼特的基础上，新增长理论十分看重研发创新的经济增长效应。阿吉翁和赫尔普曼沿循熊彼特的传统，将创新看作与资本积累同等重要的增长因素，资本积累和创新是经济增长这个统一过程的两个方面，新技术总要体现在新的资本（物质与人力）中，而要使用新技术必须积累新资本。经济增长是由一系列随机的质量改进带来（垂直型创新的"创造性毁灭"使旧技术过时），而创新来自存在不确定性结果研发活动，模型认为产品市场竞争对于研发水平和经济增长是不利的，因为竞争越激烈，成功创新获得垄断利润规模越小，创新概率也越小（阿吉翁和霍依特，2004）。该模型表达了企业的研发部门规模、效率以及技术商业化对于经济增长的至关重要的作用，但也是建立在高度抽象的基础上，对于企业研发行为的经济增长效应虽然把握了最重要的方面，但还存在研究不足的地方。

随着社会的发展，人们的需要不断升级。生产者就想方设法去满足人们日益增长的物质文化生活需要，识别人们的需求并设计出产品来满足，完成市场交易。伴随这个过程，新的产业不断产生，资源不断重新配置，用货币表示的人均交易总量不断上升，产生经济增长。企业要识别人们的有效需求，更重要的是研究与开发出设计并生产出来满足潜在需求，过程成功实现即是创新，创新（表现为专利）主要来自企业研发行为。新经济增长理论模型无论是强调人力资本、知识积累、创新，都是从经济增长过程的事后来总结生产率提高的原因，上述原因都离不开企业的研发行为，没有企业研发，积累的人力资本不能转化为生产力，积累的知识不能转化为 GDP，没有众多企业研发的不断尝试和市场的纠错试错过程，创新就是一个空中楼阁。创新对于长期经济增长具有极其重要的意义，分析研究与开发的经济增长效应，对于理解并实现可持续经济增长至关重要。事实上，企业研发行为的经济增长效应是通过机制链条实现的，下面本章将进行详细理论和实证分析。

要对创新概率进行澄清。新增长模型中的竞争程度影响创新概率和创新动力值得商榷，创新概率只是个事后统计结果。当面对要么创新、要么死去的选择时，企业进行研发创新可以采取多个项目齐头并进的方式，从一个地区或者国家的企业集合来看，研发投入和创新的产出成正比。下面对张衔等（2019）用于分析企业改进技术、提高生产率的模型进行拓展，用于分析企业研发投入的经济增长效应。

即使考虑研发成功概率 μ 的情况下，由于任何企业都无法保证竞争对手的研发成功概率 $\mu=0$，一旦对手研发成功，新产品对旧产品造成替代，会使不研发企业收益受损，因此研发投入就成为企业的严格占有策略。企业为了生存必然在研发方面积极投入，研发投入 I 最大选择 $\bar{I}$ 函数为 $\bar{I}=F(R, D, E, S)$，其中，R 为累计可用净利润、代表内源融资，D 代表外源债务融资，E 代表外源股权融资，S 代表政府补贴，研发投入最低投入 $\underline{I}$ 则是预期研发方向的必要的研发投入（见表5-1）。

表5-1　企业研发投入博弈收益表

		A_{-i}	
		研发不投入	研发投入
A_i	研发不投入	$w,\ w$	$w-\mu\Delta R,\ w+\mu\Delta R$
	研发投入	$w+\mu\Delta R,\ w-\mu\Delta R$	$w+\mu\Delta R/2,\ w+\mu\Delta R/2$

企业研发的经济增长效应为：

$$\Delta Y = I + \mu_1 \Delta R_1 + \mu_2 \Delta R_2 \tag{5-1}$$

其中，I 表示回顾效应、即使不成功也能由于需求效应拉动经济增长，$\mu_1 \Delta R_1$ 表示研发产生创新后的新产品供给产生的经济增长效应，如新性能的增加提高了产品附加值，$\mu_2 \Delta R_2$ 表示研发使生产率提升降低价格使产品销售扩大产生的经济增长效应。因此，市场竞争参数不在经济增长效应中，研发投入、研发成功率、产品需求价格弹性、新产品性能提升程度是决定经济增长效应的参数。

因此，经济增长理论模型中关于创新受到市场竞争的负面影响、受到政府补贴的挤出效应是错误的，竞争激烈导致创新租金被迅速消散不符合真实市场情况，企业研发创新之后的品牌价值、进入壁垒等，都可能维持一部分高收益阶段，扩大企业的创新收益。既然创新是必然的，不创新是灭亡之路，则在企业长期经营的前提下，创新投入必然不遗余力，如华为每年的巨额研发投入，竞争促进企业研发投入，坚定企业研发投入决心，而不是降低企业研发投入。

5.1.1 生产成本不变的企业研发创新的收入效应分析

下面构建企业研发支出决策，分别表示需求量为 q、价格为 p、利润为 π、总成本为 C，假定企业研发支出为 bx，b 为创新 x 的单位成本，由于性能创新或设计创新能吸引追求高质量生活或个性化的消费者，因此在产品的需求函数中加入创新变量 x，则需求为：

$$q = q(x,\ p),\ \frac{\partial q}{\partial x} > 0,\ \frac{\partial q}{\partial p} < 0 \tag{5-2}$$

创新专利来自于研发投入，则企业的利润函数为：

$$\pi = pq(x,\ p) - C[q(x,\ p)] - bx \tag{5-3}$$

将利润函数对 x 求导并使其等于零，得到利润最大化条件下的研发支出，整理得：

$$\frac{bx}{pq} = \left[\frac{p - (\partial C / \partial q)}{p}\right] \frac{x}{q} \frac{\partial q}{\partial x} \tag{5-4}$$

同样将利润函数对 p 求导并使其等于零，得到利润最大化条件下的价格，整理得：

$$\frac{p-(\partial C/\partial q)}{p}=\frac{1}{E} \tag{5-5}$$

最终得到研发支出与销售额的比例为：

$$\frac{bx}{pq}=\frac{\beta}{E} \tag{5-6}$$

其中：

$$\beta=\frac{x}{q}\frac{\partial q}{\partial x} \tag{5-7}$$

β 表示需求的创新弹性，代表创新对需求创造的程度，而 E 表示需求价格弹性。研发支出占销售额的比例与创新弹性成正比、与需求价格弹性成反比。

企业在研发创新后产生的收入 y 变化函数为：

$$\Delta y=pq-p_0q_0=\left(c+\frac{bx}{q}+\frac{\pi}{q}\right)q-cq_0 \tag{5-8}$$

其中，π/q 表示单位产品利润，p、q 分别表示研发创新后的价格、销量，p_0、q_0、c 分别表示研发创新前的价格、销量、单位生产成本（假定研发创新前后不变），Δy 作为企业收入变动即代表企业研发创新的收入效应。研发创新对企业收入影响有三种情况。

第一种情况：$q=q_0$，研发创新产生的研发投入平摊到每个商品的成本上，使得单位商品价格上升，但产品创新增加的需求量等于单位价格上升抑制的需求量，则：

$$\Delta y=\left(\frac{bx}{q}+\frac{\pi}{q}\right)q \tag{5-9}$$

研发创新产生企业收入增加效应，效应大小取决于销售量、单位利润、研发投入。

第二种情况：$q>q_0$，产品创新增加的需求量大于单位价格上升抑制的需求量，则：

$$\Delta y=c(q-q_0)+\left(\frac{bx}{q}+\frac{\pi}{q}\right)q \tag{5-10}$$

研发创新产生企业收入增加效应，效应大小取决于销售量、单位利润、研发投入、新增需求量、单位成本。

第三种情况：$q<q_0$，产品创新增加的需求量小于单位价格上升抑制的需求量，则：

$$\Delta y=\left(\frac{bx}{q}+\frac{\pi}{q}\right)q-c\ (q_0-q)\qquad(5-11)$$

企业收入效应存在不确定性，如果研发投入和利润之和大于被抑制的净收入，则仍具有企业收入增加效应，反之，则产生企业收入减少效应。

从产业层面来看，企业研发创新后，新产品一般会和旧产品同时销售，即产业层面的产品总销量不会低于创新前旧产品的总销量，因此研发创新在产业层面产生正的经济增长效应，这也是本章要验证的假说。

5.1.2　生产成本降低的企业研发创新的收入效应分析

由于工艺创新降低了生产成本，因此在产品的成本函数中加入创新变量 x，则需求为：

$$C=C(x,\ q),\ \frac{\partial C}{\partial x}<0,\ \frac{\partial C}{\partial q}>0\qquad(5-12)$$

研发支出导致创新使得成本下降，则企业的利润函数为：

$$\pi=pq(p)-C(x,\ q)-bx\qquad(5-13)$$

将利润函数对 x 求导并使其等于零，得到利润最大化条件下的研发支出：

$$\frac{\partial \pi}{\partial x}=-\frac{\partial C}{\partial x}-b=0\qquad(5-14)$$

整理得：

$$\frac{bx}{C}=\gamma\qquad(5-15)$$

同样将利润函数对 p 求导并使其等于零，得到利润最大化条件下的价格：

$$\frac{\partial \pi}{\partial p}=q+p\,\frac{\partial q}{\partial p}-\frac{\partial C}{\partial q}\,\frac{\partial q}{\partial p}=0 \tag{5-16}$$

整理得：

$$\frac{p-(\partial C/\partial q)}{p}=\frac{1}{E} \tag{5-17}$$

最终整理得到研发支出与销售额的比例为：

$$\frac{bx}{pq}=\gamma\left(1-\frac{1}{E}\right) \tag{5-18}$$

其中：$\gamma=\dfrac{x}{C}\,\dfrac{\partial C}{\partial x}$

表示成本的创新弹性，代表工艺创新对成本降低的程度，而 E 表示需求价格弹性。研发支出占销售额的比例与创新弹性成正比、与需求价格弹性成正比。

企业在研发创新后产生的收入变化函数为：

$$\Delta y=pq-p_0 q_0=\left(c+\frac{bx}{q}+\frac{\pi}{q}\right)q-c_0 q_0 \tag{5-19}$$

其中，π/q 表示单位产品利润，c、p、q 分别表示研发创新后的单位生产成本、价格、销量，p_0、q_0、c_0 分别表示研发创新前的价格、销量、单位生产成本，显然 $c<c_0$，Δy 作为企业收入变动即代表企业研发创新的收入效应。研发创新对企业收入影响有三种情况。

第一种情况：$q=q_0$，$p=p_0$，此时研发创新即使降低了单位生产成本，但由于商品缺乏需求价格弹性，没有新增需求量，则对企业收入无影响，只是造成了生产成本、研发投入与利润之间的重新分配。

第二种情况：$q>q_0$，$p<p_0$，此时研发创新降低了单位生产成本，使企业可以通过降价扩大市场需求，研发创新产生的企业收入效应存在不确定性，如果研发投入、创新利润与新增需求的成本之和大于存量需求的成本节约，或者新增需求的营业收入大于存量需求减少的营业收入，则研发创新可能产生企业收入增加效应，营业收入的价格弹性大于 1，反之则发生第三种情况。

$$\Delta y = \left(\frac{bx}{q} + \frac{\pi}{q}\right) q + c(q - q_0) - (c_0 - c)q_0$$

$$= \left(\frac{bx}{q} + \frac{\pi}{q} + c\right)(q - q_0) - \left(c_0 - c - \frac{bx}{q} - \frac{\pi}{q}\right)q_0 \qquad (5-20)$$

第三种情况：如果研发投入、企业利润与新增需求的成本之和小于等于存量需求的成本节约，或者新增需求的营业收入小于等于存量需求减少的营业收入，则研发创新可能不产生（结果参见第一种情况）或者产生企业收入下降效应，营业收入的价格弹性小于等于1。

产业组织理论主要关注企业研发的投入相关因素，市场结构对于企业研发投入和产出的影响，关于研发的经济增长效应研究不多，下面本章考察研发的经济增长效应。研发的经济增长效应大致可以分为如下几个方向：

5.1.3　研发投入的经济增长机制分析

企业研发创新的经济增长效应主要包括产品需求创造、产品质量提升、产品种类增加、生产工艺改善、回顾效应和旁侧效应五种机制。如果很不幸的研发没有产生有效创新，那么这部分支出对于经济增长的效应可能就比较短暂和间接，也就是只会产生回顾旁侧效应和一般的溢出效应。

5.1.3.1　产品需求创造效应

原创性的研发可能会创造全新的产品、催生全新的产业，比如笔记本电脑、智能手机、新能源汽车等，产品需求创造使得潜在经济增长成为实际经济增长，即是熊彼特说的"采用一种新产品"。这类研发产出一般表现为发明专利，发明专利申请数和其他专利（实用新型+外观设计）申请数。随着经济的发展，在新兴行业的研发部门中，研发行为甚至还可能促生新的产业，新兴产业的发展会引导资金和劳动力大量涌入，产生市场结构的逐渐演变，激发出巨大的经济增长能量，比如软件原来是硬件企业研发部门的项目，随着经济发展独立为一个产业，对经济增长的贡献也日益增加。日常耐用消费电子商品，除性能不断提升，技术进步使得价格持续下降，刺激商品大面积普及，从高收入者到低收入者、从城市到农村，提高社会普遍福利水平，产业及相关产业（软件业和商业等）的经济产值也不断上升。

5.1.3.2　产品质量提升效应

创新使产品某一种性能得到实质提升，满足人们更高质量的使用体验，高质量产品消费替代普通产品，更高的交易价格提高企业营业收入并最终带来经济增长（付彤杰和张衔，2023）。当我们进行产品消费的时候，除了基本的款式和类型，供选择的产品从高档到低档分为多种，高档商品会产生更高的收入，由于替代相对低档产品而产生经济增长效应。这类研发产出一般表现为发明专利，发明专利申请数如图 5-2 所示。

5.1.3.3　产品种类增加效应

外观、设计、包装等非性能方面创新，满足人们个性化和差异化需求，一般会产生更高的交易金额，也能提升企业收入促进经济增长（付彤杰和张衔，2023），这类研发产出一般表现为实用新型或者外观设计专利，其他专利（包括实用新型和外观设计）申请数如图 5-2 所示。经济增长效应受到功能设计与基本款式的差异度影响，差异度越大、新旧商品的价格差额越大，研发产生的经济增长效应越大。

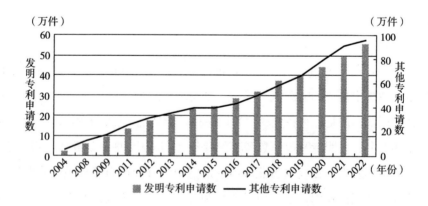

图 5-2　2004~2022 年我国规模以上工业企业历年发明专利、其他专利申请数

注：由于国家统计局统计口径调整，部分年份数据未取得。

资料来源：历年《中国统计年鉴》。

5.1.3.4　生产工艺改善效应

研发产生商品制造流程和工艺创新，可通过节约原材料、节省劳动时间、缩短推出新产品周期、降低管理费用和财务费用等渠道降低生产成本和商品价格，在富有需求价格弹性情况下刺激需求、促进经济增长（付彤杰和林黎，2011）（见图 5-3），比如对操作布局进行重新安排的福特生产线制度，大幅降低汽车生产成本和价格，从而扩大汽车需求量，增加汽车产业增加值、促进经济增长。

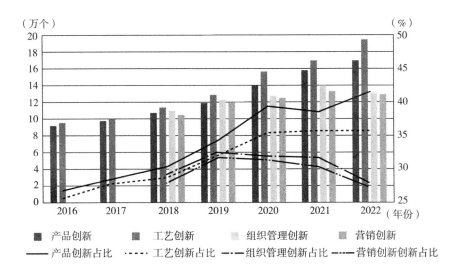

图 5-3　2016~2022 年我国规模以上工业企业历年产品、
工艺、组织管理、营销创新企业数量和占比

资料来源：历年《中国统计年鉴》。

5.1.3.5　回顾效应和旁侧效应

回顾效应是指企业为研发购买的研究设备和雇佣的研究人员所进行的支出，从需求侧为经济增长做出贡献。旁侧效应是指由于研发行为产生对教育等产业需求带来的经济增长（付彤杰和张衍，2020），研究者需要高学历和专业知识，相关人力资本投资产生的经济交易，产生经济增长。再如，研究人员思想交流所进行会议和餐饮等消费也构成旁侧效应，即使有时企业研发行为没有创新产出，回顾效应和旁侧效应依然存在。

企业的研发还会产生溢出效应，如通过产品设计传递信息，对其他企业的研发提供参考借鉴，或者启发他人继续探索或者告诫他人此路不通；再如，通过积累技术信息（或者社会知识），提高人力资本，增加未来创新成功率。另外，研发的成功率除了与社会人力资本投资和知识积累有关，还与企业内部各部门的信息交流，尤其是市场信息交流有关，而市场信息可能来自企业家个人获取，更主要是来自于销售部门收集，因此与销售努力有关。产业集群尤其是新兴产业的产业集群之所以能产生快速的经济增长，主要是受益于企业之间的溢出效应和创新-模仿效应，即使没有研发部门，各从业者事实上都多多少少充当了研发人员的角色，他们之间的密切交流增强了溢出效应。随着经济的发展，企业研发创新的主体，大企业可以承担高额的研发投入，而小企业具有研发创新灵活性，大中小企业研发创新合作共赢的局面正在形成（弗里曼和苏特，2004）。

5.2　指标选取与数据说明

上述企业研发决策机制分析表明，研发通过创新专利影响需求，体现为新产品销售收入进而带来经济增长，因此计量分析应分步骤展开。下面通过中国 2014~2022 年各省份规模以上工业企业面板数据分析进行验证：首先，分析企业研发投入对创新专利产出的影响；其次，分析企业专利对新产品销售收入的影响；再次，分析企业新产品销售收入对工业经济增长的影响；最后，分析企业研发投入、创新专利和新产品销售收入对全要素生产率的影响。面板数据来源为历年《中国统计年鉴》《中国工业统计年鉴》和第四次经济普查。

为检验上述假说，构造关于中国各省份工业经济增长的双向固定效应模型：

$$GDP_{it} = \beta_0 + \beta_1 R\&D_{it} + \beta_2 X_{it} + \mu_i + \gamma_t + \varepsilon_{it} \tag{5-21}$$

其中，被解释变量 *GDP* 表示工业经济增长，核心解释变量 *R&D* 表示企业研发（Research and Development），其他控制变量 *X* 包括劳动投入（Labor）、资本投入（Capital）、人力资本（Human Capital，简称 HC）、对外开放度（Open）等，μ_i 表示地区效应，γ_t 表示时间效应，ε_{it} 表示误差项。

5.2.1　指标选取与数据来源

5.2.1.1　被解释变量工业经济增长（GDP）

计算全要素生产率采用规模以上工业营业收入衡量各省份工业经济增长水平，数据来源于历年《中国统计年鉴》。衡量研发直接经济增长效应采用各地区规模以上工业新产品营业收入（XCPXSSR，后加 ZS 代表增长率、本章下同，除非特别注明本章一般分析采用规模以上工业企业从业人员（Labor）处理后人均数、数据来自历年《中国工业统计年鉴》），数据来源于历年《中国统计年鉴》。衡量研发全面经济增长效应采用各地区工业增加值，数据来源于历年《中国统计年鉴》。

5.2.1.2　核心解释变量企业研发投入（R&D）

借鉴吴延兵（2006）采用 R&D 流量进行测算的观点，与 R&D 存量测算方法不同（钟祖昌，2013；谢兰云，2013），采用规模以上工业企业 R&D 经费支出衡量各省份工业企业研发投入，各省份企业 R&D 经费支出来自历年《中国统计年鉴》。稳健性检验采用企业开发新产品经费（XCP-KFJF）作为替代指标，数据来源于历年《中国统计年鉴》。

5.2.1.3　控制变量 R&D 人员全时当量（QSDL）

该指标是指各地区规模以上工业企业研发人员投入，数据来源于历年《中国统计年鉴》。

5.2.1.4　控制变量资本投入（Capital）

资本指标采用固定资产作为解释变量，各地区工业规模以上企业固定资产采用固定资产原值扣除累计折旧后的固定资产净值数据，数据来自历年《中国工业统计年鉴》和《中国经济普查年鉴（2018）》，采用该指标避免了利用资本折旧测算做出的各种假定产生的误差。

5.2.1.5 控制变量人力资本（HC）

人力资本投入可以提高人的智能和体能，增强劳动者胜任复杂劳动的能力。已有研究采用 25 岁以上人口的平均受教育年限、小学和初中入学率（李宏彬等，2009；胡厚全，2022）进行衡量，借鉴相关思路，本章认为大专及以上学历人口占比可以有效衡量比较各地区的人力资本情况，因此采用大专及以上学历人口占比衡量各地区人力资本情况，相关数据来自历年《中国统计年鉴》。

5.2.1.6 控制变量对外开放度（Open）

对外开放也是影响各地区经济增长的原因之一，借鉴汪辉平和王增涛（2018）的研究方法，用进出口总额（按境内目的地和货源地口径）占GDP 比率衡量各地区经济的对外开放情况，相关数据和换算汇率来自历年《中国统计年鉴》。

5.2.1.7 中介变量专利数（ZLS）和发明专利数（FMZLS）

企业创立经营或进行产品质量差异化竞争，一般会通过研发创新形成发明、实用新型和外观设计等专利，因此参考李宏彬等（2009）和马忠新和陶一桃（2019）的测度方式，用专利申请受理数、有效发明专利数（拥有发明专利数）、来衡量各地区的创新，相关数据来自历年《中国统计年鉴》。

5.2.1.8 全要素生产率（TFP）

根据各地区规模以上工业劳动投入、资本投入和营业收入测算得到。

5.2.2 描述性统计

人均数各变量的描述性统计如表 5-2 所示。

表 5-2　各变量的描述性统计

变量描述	观察值	平均数	标准差	最小值	最大值
规模以上企业营业收入（自然对数值）	279	28.375	1.303	23.184	30.538

续表

变量描述	观察值	平均数	标准差	最小值	最大值
规模以上企业人均研发投入（自然对数值）	279	9.371	0.612	7.176	10.662
规模以上企业从业员工人数（自然对数值）	279	14.212	1.328	9.893	16.504
规模以上企业人均固定资产（自然对数值）	279	13.309	0.637	12.056	15.461
大专及以上学历人口占比	279	0.162	0.078	0.026	0.505
进出口总额与 GDP 比值	279	0.232	0.231	0.007	1.179
规模以上企业新产品营业收入（自然对数值）	270	26.386	1.542	20.568	29.263
规模以上企业新产品营业收入增速	270	0.115	0.211	-0.722	0.996
规模以上企业人均新产品营业收入（自然对数值）	270	12.034	0.767	8.284	13.835
规模以上企业人均新产品营业收入增速	270	0.142	0.205	-0.572	1.074
工业 GDP（自然对数值）	270	27.221	1.001	24.600	29.193
工业 GDP 增速	270	0.057	0.084	-0.231	0.443
规模以上企业人均专利申请受理数（自然对数值）	279	4.314	0.729	2.145	5.989
规模以上企业人均专利申请受理数增速	279	0.037	0.057	-0.257	0.441
规模以上企业人均发明专利申请受理数（自然对数值）	279	3.357	0.730	1.109	5.465
规模以上企业人均发明专利申请受理数增速	279	0.049	0.078	-0.226	0.760
人均新产品开发经费支出（自然对数值）	279	9.450	0.718	6.785	11.285
各地区规模以上工业企业人均研发人员投入	279	0.030	0.015	0.002	0.070

5.3　实证结果分析

5.3.1　企业研发投入对企业专利申请数影响的固定效应模型分析

对规模以上工业企业研发投入和企业专利申请数、发明专利申请数，以双向固定效应模型为起点进行分析。首先，比较混合回归模型（PR）和固定效应模型（FE），通过 LSDV 估计和对地区虚拟变量 F 检验，发现 F 检验 P 值均为 0、拒绝原假设、存在个体效应，选择 FE 模型。其次，比较混合回归模型（PR）和随机效应模型（RE），根据检验个体效应的 LM 检验，P 值为 0、拒绝不存在个体效应的原假设，表明模型存在随机效应。最后，比较固定效应模型（FE）和随机效应模型（RE），通过考虑了自相关、异方差和截面相关的系列 Husman 检验，P 值为 0、拒绝原假设，选择 FE 模型。企业研发投入与创新专利产出的固定效应模型回归结果如表 5-3 所示。

表 5-3　企业研发投入与创新专利产出的固定效应模型回归结果

被解释变量	专利申请数				发明专利申请数	
变量、模型	FE（1）	FE（2）	FE（3）	FE（4）	FE（5）	FE（6）
R&D	0.426*** (0.034)	0.498*** (0.055)	—	—	0.266*** (0.052)	0.289*** (0.066)
XCPKFJF	—	—	0.573*** (0.029)	0.583*** (0.022)	—	—
HC	—	−1.058 (0.711)	—	−0.610 (0.420)	—	−1.963*** (0.416)
Capital	—	−0.100 (0.135)	—	−0.057 (0.108)	—	−0.069 (0.123)
Open	—	0.244 (0.134)	—	0.368* (0.181)	—	−0.095 (0.165)
QSDL	—	−3.029 (1.921)	—	0.135 (1.184)	—	−1.078 (1.708)
Constant	−0.048 (0.301)	0.755 (1.580)	−1.360*** (0.261)	−0.735 (1.490)	0.434 (0.460)	1.414 (1.628)
R-squared	0.873	0.875	0.884	0.886	0.824	0.827
F	158.32	140.66	196.79	168.35	26.50	193.71
Observations	279	279	279	279	279	279

注：***、**和*分别表示在 1%、5% 和 10% 水平下显著，括号内为 Driscoll-Kraay 稳健标准误（可同时处理异方差、自相关和截面相关），本章余同。

　　模型（1）、模型（2）中的核心解释变量研发投入的估计系数均显著为正，且显著水平均达到 1%，表明企业研发投入显著提升企业专利申请数，模型（2）中人力资本、资本投入、R&D 人员全时当量、对外开放度的估计系数均不显著。以固定资产为工具变量对模型（2）的 2SLS 回归、普通 OLS 回归的 Husman 检验，发现 P 值为 0.8628、大于 0.1，表明不存在内生性问题。模型（3）、模型（4）是采用新产品开发经费为核心解释变量的稳健性检验，模型（5）、模型（6）是采用发明专利申请数为被解释变量的稳健性检验，主要结论相同、通过稳健性检验。

5.3.2 企业专利申请数对企业新产品销售收入影响的固定效应模型分析

如表 5-4 所示，固定效应模型（7）、模型（8）中的核心解释变量专利数的估计系数均显著为正，且显著水平都达到 1%，表明工业企业专利数显著提升工业新产品销售收入。由于存在内生性问题，因此通过差分法构建增速混合回归模型。模型（9）、模型（10）中的核心解释变量专利数增速的估计系数均显著为正，且显著水平为 1%、5%，专利数增速与新产品销售收入增速正相关，支持了上述结论。模型（11）、模型（12）是替换核心解释变量为发明专利数增速的稳健性检验，主要结论相同、通过稳健性检验。

表 5-4 企业专利申请数与企业新产品销售收入的模型回归结果

被解释变量	新产品销售收入		新产品销售收入增速			
变量、模型	FE（7）	FE（8）	PR（9）	PR（10）	PR（11）	PR（12）
ZLS	0.630***	0.574***	—	—	—	—
	(0.135)	(0.156)				
ZLSZS	—	—	0.361***	0.319**	—	—
			(0.103)	(0.097)		
FMZLSZS	—	—	—	—	0.327**	0.298**
					(0.117)	(0.112)
HC	—	-1.134**	—	-0.195	—	-0.254
		(0.492)		(0.312)		(0.343)

续表

被解释变量	新产品销售收入		新产品销售收入增速			
变量、模型	FE（7）	FE（8）	PR（9）	PR（10）	PR（11）	PR（12）
Capital	—	0.075 (0.229)	—	0.067 (0.041)	—	0.073 (0.041)
Open	—	0.300 (0.185)	—	−0.001 (0.077)	—	0.009 (0.077)
R&D	—	0.164 (0.151)		−0.052 (0.070)		−0.046 (0.072)
Constant	9.060*** (0.512)	6.881** (2.680)	0.052*** (0.007)	−0.332 (0.887)	0.032* (0.016)	−0.470 (0.905)
R−squared	0.787	0.790	0.106	0.147	0.114	0.155
F	9.06	24.47	12.25	21.65	7.55	27.09
Observations	270	270	270	270	270	270

注：由于西藏部分年份新产品销售收入缺失，所以没有纳入。

5.3.3 企业新产品销售收入对经济增长影响的固定效应模型分析

由于一定经营规模的企业更有实力开展研发并推出新产品，在中间产品价格不变即原材料成本不变的假定下，新产品销售收入与新产品带来的工业增加值高度相关，如果合理假定规模以上工业企业新产品销售收入能代表全口径工业企业的新产品销售收入，则可用规模以上企业新产品销售收入与全口径工业增加值进行计量分析。如表5-5所示，固定效应模型（13）至模型（15）中的核心解释变量新产品销售收入的估计系数均为正，且显著水平都达到1%，表明企业新产品销售收入显著促进工业经济增长，模型（14）和模型（15）中资本投入的估计系数显著水平均达到1%，模型（15）中研发投入的估计系数在10%水平上显著为正，一定程度表明研发投入通过专利和新产品销售收入促进经济增长。以研发全时当量为工具变量发现不存在内生性。进一步地，以新产品销售收入增速为核心解释变量构建模型（16）至模型（18），发现其对被解释变量工业增加值增速在10%水平上显著为正，其他解释变量则不显著。

表 5-5　企业新产品销售收入与经济增长的模型回归结果

被解释变量	工业增加值			工业增加值增速		
变量、模型	FE（13）	FE（14）	FE（15）	PR（16）	PR（17）	PR（18）
XCPXSSR	0.157 *** (0.024)	0.130 *** (0.025)	0.121 *** (0.027)	—	—	—
XCPXSSRZS	—	—	—	0.048 * (0.023)	0.048 * (0.023)	0.039 * (0.018)
HC	—	—	0.205 (0.189)	—	—	0.011 (0.080)
Capital	—	0.323 *** (0.055)	0.286 *** (0.067)	—	−0.001 (0.003)	0.036 (0.033)
Open	—	—	−0.016 (0.060)	—	—	0.030 (0.020)
R&D	—	—	0.069 * (0.036)	—	—	−0.025 (0.021)
Constant	22.972 *** (0.636)	14.781 *** (2.082)	14.403 *** (2.056)	0.050 *** (0.002)	0.078 (0.074)	−0.371 (0.444)
R-squared	0.833	0.867	0.868	0.502	0.502	0.527
F	41.10	17.38	27.15	4.50	2.26	0.98
Observations	270	270	270	270	270	270

注：由于全口径员工人数无法取得，因此工业增加值未作人均处理，相应此表中新产品销售收入也未做人均处理。

5.3.4　研发投入、专利数、新产品销售收入对全要素生产率影响分析

根据生产函数测算全要素生产率，假定产出公式为：

$$Y_{it} = A_{it} L_{it}^{\alpha} K_{it}^{\beta} \tag{5-22}$$

则有：

$$A_{it} = Y_{it} / A_{it} L_{it}^{\alpha} K_{it}^{\beta} \tag{5-23}$$

根据已有面板数据计算全要素生产率，首先采用各地区规模以上工业劳动投入 L、资本投入 K 和营业收入 Y，回归得到劳动投入和资本投入系数

α 和 β 分别为 0.8184594（劳动产出份额）、0.1707996（资本产出份额），其次用实际营业收入 Y_{it} 除以经过产出份额处理后的劳动投入 L_{it}^{α} 和资本投入 K_{it}^{β}，得到测算的各地区年度全要素生产率 A_{it} 作为被解释变量。如表 5-6 所示，固定效应模型（19）、模型（20）中核心解释变量研发投入对全要素生产率影响系数不显著，模型（21）、模型（22）中专利数对全要素生产率影响系数均为正且在 5% 水平上显著，模型（23）、模型（24）中新产品销售收入对全要素生产率影响系数均为正且在 5% 水平上显著，上述结论也在一定程度表明研发投入通过专利和新产品销售收入促进经济增长。以对外开放度为工具变量检验发现模型不存在内生性（见表 5-6）。

表 5-6 研发投入、专利、新产品销售收入与全要素生产率的
模型回归结果

被解释变量	TFP					
变量、模型	FE（19）	FE（20）	FE（21）	FE（22）	FE（23）	FE（24）
R&D	0.002 (0.005)	0.002 (0.004)	—	—	—	—
ZLS	—	—	0.007** (0.002)	0.008** (0.002)	—	—
XCPXSSR	—	—	—	—	0.008** (0.002)	0.008** (0.003)
HC	—	0.038 (0.021)	—	0.047** (0.018)	—	0.052** (0.020)
Capital	—	0.020* (0.010)	—	0.021* (0.010)	—	0.020* (0.009)
Open	—	0.009* (0.005)	—	0.007 (0.005)	—	0.006 (0.007)
Constant	1.792*** (0.419)	1.524*** (0.136)	1.786*** (0.009)	1.509*** (0.128)	1.723*** (0.027)	1.456*** (0.094)
R-squared	0.849	0.858	0.855	0.864	0.862	0.872
F	0.26	3.05	140.42	122.69	129.25	128.59
Observations	270	270	270	270	270	270

5.4　结论与启示

本章基于企业研发创新的决策模型分析，指出企业研发投入带来创新专利产出，进而通过新产品销售收入推动经济增长的作用机制链条，并采用 2014~2022 年我国规模以上工业企业研发投入、专利申请数、新产品销售收入和工业经济增长的省级面板数据进行实证分析。研究表明：第一，企业研发投入显著促进创新专利产出；第二，企业创新专利显著促进新产品销售收入增长；第三，企业新产品销售收入增长显著促进工业经济增长；第四，企业创新专利和新产品销售收入显著提高了企业全要素生产率。上述研究结论有助于更加全面正确理解企业研发行为对经济增长的促进作用，对于进一步坚持企业研发创新主体地位，更加有效保护专利权，鼓励企业推出新产品促进全要素生产率提高，进而推动我国经济实现质的有效提升和量的合理增长等方面具有理论和现实意义。

第6章 纵向一体化的经济增长效应

产业组织理论对企业与其上下游企业间的纵向市场关系的分析，旨在研究纵向一体化（也称纵向兼并或纵向合并）对垄断势力和市场竞争度的影响，本章沿用纵向一体化的概念和分析工具，讨论纵向一体化的经济增长效应。

6.1 模型分析

产业组织理论关于纵向控制和纵向一体化的分析，主要聚焦是否产生价格歧视，是否对消费者福利造成损失的问题，上游企业希望通过直接一体化或者契约来控制下游企业，获得纵向一体化利润、减少消费者剩余。芝加哥学派认为纵向控制利于增加内部福利、不会损害消费者福利（泰勒尔，1997）。本章不以研究纵向一体化造成利益相关者间的利益分配为目的，而要分析纵向一体化的规模经济和速度经济产生的经济增长效应，及其对管理组织调整、人力资本提升与社会知识积累的影响。

产业组织理论中制造商、零售商纵向一体化分析框架进行拓展（泰勒尔，1997），可以比较纵向一体化前后的产业链总收入，分析纵向一体化的经济增长效应。

先看纵向一体化之前的情况。假定最终需求函数为 $D(p)=1-p$ 且制造商成本 $c<1$，p_w 为零售商成本、制造商价格，零售商利润最大化表达为：

$$\max_p\left[(p-p_w)(1-p)\right] \tag{6-1}$$

零售商利润最大化条件为：

$$p=\frac{1+p_w}{2} \tag{6-2}$$

对最终产品的需求为：

$$q=\frac{1-p_w}{2} \tag{6-3}$$

零售商的总收入为：

$$Y_r=\frac{1-p_w^2}{4} \tag{6-4}$$

制造商利润最大化表达为：

$$\max_{p_w}\left[(p_w-c)\left(\frac{1-p_w}{2}\right)\right] \tag{6-5}$$

制造商利润最大化条件为：

$$p_w=\frac{1+c}{2} \tag{6-6}$$

则有：

$$p=\frac{3+c}{4} \tag{6-7}$$

零售商的总收入表示的产业链总收入为：

$$Y_r=\frac{3-2c-c^2}{16} \tag{6-8}$$

再看纵向一体化之后的情况。纵向一体化后企业利润最大化表示为：

$$\max_p\left[(p-c)(1-p)\right] \tag{6-9}$$

利润最大化条件为：

$$p=\frac{1+c}{2} \tag{6-10}$$

对最终产品的需求为：

$$q = \frac{1-c}{2} \qquad (6-11)$$

则纵向一体化后企业收入表示的产业链总收入为：

$$Y_i = \frac{1-c^2}{4} \qquad (6-12)$$

纵向一体化的经济增长效应为：

$$Y_i - Y_r = \frac{(1+3c)(1-c)}{16} \qquad (6-13)$$

由于 $c<1$，显然经济增长效应为正，该经济增长效应由价格下降、销售量上升带来。当然纵向一体化可能带来管理成本上升，因此必须提高管理效率、控制管理成本，防止出现低效率的"大企业病"。

6.2 机制分析

钱德勒在《看得见的手——美国企业的管理革命》中通过对美国各种制造业历史的考察，认为现代大型联合工商企业的规模经济来自纵向一体化产生的速度经济（钱德勒，1987）。在《大企业和国民财富》中，钱德勒提出大企业对国民财富创造（即经济增长）的贡献：大企业通过在生产设施上投入巨资获得规模经济效益；大企业为新技术的商品化，进行经理技术员招聘等人力资本投资，为企业和国家提供组织资源；大企业成为供应商、设备制造商、零售商、广告商、金融服务提供商等企业网络的核心；大企业通过巨额研发投入成为技术进步的主要推动者（钱德勒，2004）。因此，大批量生产和大批量分配相结合的纵向一体化产生规模经济，生产环节合并产生速度经济和技术创新，技术和制度互动创新使管理协调"看得见的手"代替市场"看不见的手"，从而促进经济增长。通过生产环节合并和精确协调机器生产，生产的大流量降低了单位产品生产成本，进而降低商品价格、扩大商品需求，增加整个国民的消费者剩余，所以纵向一体化具有经济增长效应。

纵向一体化可以采取两种形式：企业投资延长生产链条，兼并上下游的企业。一体化还包括横向一体化（横向兼并，即两个生产同类产品企业间的合并）和混合一体化（混合兼并，即两个没有横向或纵向关系企业间的合并）（德里克和莫瑞斯，2001）。实践中一体化常兼有多种类型。一体化的动机主要有增加市场势力、减少广告和促销费用、融资经济性、充分利用特定的闲置资源、分散研发的风险和减少交易成本等。一体化失败原因主要是内部交易费用（或管理成本）的上升，当管理层级增加造成沟通效率较低或者管理理念分歧较大时，会产生一体化之前所没有的大量管理成本，导致生产效率大幅下降。因此，一体化的经济增长效应分析框架如下：

$$\Delta Y = F(MC,\ TC,\ LR,\ E),\ F'(MC)<0,\ F'(TC)>0,\ F'(LR)>0,$$
$$F'(E)>0 \tag{6-14}$$

其中，MC 表示内部管理成本，内部管理成本越大，经济增长效应越小；TC 表示外部市场交易成本，市场交易成本越大，一体化就越有效率，经济增长效应越大；LR 表示闲置资源，一体化之前闲置的管理资源品牌资源以及资金资源越多，则一体化之后闲置资源充分利用得到的经济增长效应就越大；E 表示需求价格弹性，需求价格弹性越大，则一体化之后提高效率进而降低成本导致的经济增长效应也就越大。

虽然横向一体化可能对市场垄断势力产生影响，如大企业的合并很可能导致集中度的提高，产生更加垄断的市场结构（马丁，2003）。但是，市场集中度提高是否导致竞争下降，奥地利学派等持否定意见。考察一体化的经济增长效应时，可以纵向一体化为例，进而推广到其他一体化类型上面。

纵向一体化的经济增长效应机制大致包括如下几个方面：

第一，节约能源等生产成本使得商品价格下降，通过需求效应增加交易总量、产生经济增长。比如，炼油业纵向一体化发生在多个连续的生产环节中，生产环节如果分开由多个企业执行，原材料的运输过程会由于时间原因造成能量损失，而将多个生产环节连续作业则会将能源充分利用，节约生产成本、降低商品价格，当商品的需求价格弹性大于1时，产生经济增长效应。

第二，纵向一体化节约交易成本。当市场交易成本较高时，企业无法对原材料的供给做出有效预测和控制，市场风险使企业无法有效扩大生产规模、降低商品成本。而当企业把原材料的生产企业收购、作为企业内生产部门时，企业指令代替市场交易，市场交易成本变为内部控制成本。如果内部控制成本低于市场交易成本，则利于企业降低单位生产成本、降低商品价格，当需求价格弹性大于1、产生经济增长效应，提高整个社会的生产效率。经济增长效应一般发生在企业内部控制效率高、大幅节约市场交易成本的情况下，如当企业内部工艺流程发生重大变化，需要原材料供给高效控制时，纵向一体化的经济增长效应能得到有效发挥；反之，当市场交易日趋规范，市场竞争环境良好，信用体系得到重大改观，而企业内部由于管理层级过多，信息流通不顺畅，这时的纵向一体化可能产生经济增长负效应，而逆纵向一体化如分包制就会产生经济增长正效应。

第三，纵向一体化要求提高管理技术、增加社会知识资本。当纵向一体化发生在管理效率存在差异的两家公司之间时，高效率公司的先进技术和管理经验会溢出至低效率公司，从而提高低效率公司的管理效率，相应提高整个社会知识资本存量，这是新经济增长理论中社会知识资本溢出效应的途径之一。由于速度经济要求更高管理效率，财务制度和管理制度迅速发展并在产业间模仿普及，钱德勒（2004）曾指出高效管理技术来自铁路部门，铁路建设一方面提供交通便利、降低市场交通费用，另一方面提供管理经验和股份筹资方式，纵向一体化使其在工业部门中得到应用普及，大企业通过强大的凝聚力产生前、后向和旁侧效应，成为国民经济的核心，促进国家技术创新和人力资本提升。

第四，闲置资源的规模利用。企业为了专业化分工效率，内部成立各种职能部门，当职能部门工作量不饱和，生产销售规模太小不足以充分利用各个职能部门的管理资源，会形成资源闲置，企业闲置资源可能包括管理资源，品牌资源以及销售资源等，一体化能够使闲置资源规模利用，降低单位管理成本。

6.3 案例分析

6.3.1 比亚迪纵向一体化情况分析

比亚迪是从手机电池发展开始，研发汽车电池并完成新能源汽车全产业链纵向一体化的。根据比亚迪年报介绍，公司业务包括以新能源汽车为主的汽车业务、手机部件及组装业务、二次充电电池及光伏业务、城市轨道交通业务领域。公司凭借在动力电池、电机、电控等领域的雄厚技术积累，通过技术的持续创新，打造出长期、可持续的核心竞争优势，成为全球新能源汽车行业先行者和领导者。新能源汽车电池是核心组件，比亚迪为全球领先的二次充电电池制造商之一，在汽车的动力电池领域，公司开发了高度安全的磷酸铁锂电池——"刀片电池"，更好解决市场安全痛点，加速磷酸铁锂电池重回动力电池主流赛道，同时，公司在电网储能、工商业储能、家庭储能等储能电池应用领域，在消费类电子产品及新型智能产品的消费类电池领域也具有全球领先的竞争力。

宁德时代和长安汽车则是专注于新能源汽车的部分领域，宁德时代专注汽车动力电池生产，长安汽车则专注于整车制造，两个公司均没有达到比亚迪的纵向一体化程度。

6.3.2　比亚迪与其他车企业绩比较

比亚迪汽车由于实现了新能源汽车动力电池和整车制造的纵向一体化，因此实现了净资产收益率的赶超，2022 年达到 16.14%，开始领先长安、广汽、上汽和东风，并在 2023 年进一步扩大领先优势。在收入增长方面，连续三年实现了最高的营业收入增长率，2022 年达到了惊人的 96.20%（见表 6-1）。

表 6-1　近三年比亚迪与竞争对手车企的收入增长率与 ROE

单位：%

	收入增长率			ROE		
	2021 年	2022 年	2023 年	2021 年	2022 年	2023 年
比亚迪	38.02	96.20	42.04	3.73	16.14	24.40
上汽	5.08	-4.59	0.09	9.19	5.84	4.98
长安	24.33	15.32	24.78	6.53	13.07	16.55
广汽	19.82	45.72	17.62	8.42	7.93	3.87
东风	13.23	-21.61	-0.98	4.69	3.52	2.42

比亚迪通过纵向一体化实现了利润空间最大、营业收入增长速度最快，价格战成为比亚迪实现竞争优势的有效手段，也正因为利润空间最大、比亚迪才敢于进行价格战。比亚迪价格战的表现是推出新车型的价格不断下探更低的价格区间，单车利润上，得益于电池成本的降低，比亚迪 2023 年全年的单车利润约 8600 元，2022 年约 8500 元，仍然略有增幅；2023 年比亚迪单车均价约 15.6 万元，较 2022 年的 17 万元下降约 1.4 万元。2023 年比亚迪境外收入达 1602.22 亿元，同比提升 75.2%，乘用车出口达到 24.2 万辆，同比增长 334%，遍及全球 70 多个国家和地区、400 多个城市（见表 6-2）。

表 6-2　比亚迪新能源车价格战情况

年份	宣传口号	具体措施
2023	"油电同价"	5 月，减价不减配推出宋冠军版
2024	"电比油低"	2 月 19 日，推出秦 PLUS、驱逐舰 05 荣耀版、起售价 7.98 万元
		2 月 23 日，推出海豚荣耀版、起售价 9.98 万元
		2 月 28 日，推出汉唐荣耀版、起售价 16.98 万元
		2 月 29 日，推出宋 PLUS DM-i 荣耀版、起售价 12.98 万元，宋 PLUS EV 荣耀版、起售价 14.98 万元
		3 月 1 日，推出比亚迪宋 Pro DM-i 荣耀版、起售价 10.98 万元

资料来源：根据孙婉秋和吴迪（2024）、陈小慧（2024）的研究整理所得。

6.4　结论与启示

本章通过分析纵向一体化通过降低成本、降低价格等渠道提高竞争力，带来经济增长。面对产业链竞争激烈的当下国际市场，纵向一体化在克服大企业病等管理低效的情况下，可以提升企业竞争力、促进经济增长，当前最典型的案例就是比亚迪新能源汽车的纵向一体化和竞争优势，以及带给消费者的质优价廉的经济实惠。

第7章 经济增长经验和产业组织政策

7.1 国内外经济增长经验

7.1.1 我国经济增长中的产业组织政策

新中国成立后，我国产业组织的鲜明特点是，在政府主导下先后突破了资本壁垒、技术壁垒，以国有企业为主体形成了独立完整的工业体系。具体步骤为：第一，社会主义公有制为建立完整工业体系奠定制度基础和物质基础；第二，引进"156项"建设项目等为工业体系带来市场结构聚变和技术能力提升；第三，开展三线建设为工业体系带来市场结构裂变和区域竞争基础。

我国改革开放后的产业市场结构基础来自于新中国成立后的社会主义改造、"156项"建设项目和三线建设，是国家推动市场结构基础形成的，以国家力量奠定物质基础、储备技术人才、形成初步市场结构。工业总产值1953~1978年平均增速11.4%、农业总产值2.7%，工农业总产值平均增速8.2%（沙健孙，2005）。工农业不均衡有"剪刀差"原因，但是加总产值的平均高增速仍然实现了长期高速增长，为改革开放后经济增长奠定坚实基础。

对农业、手工业和私营工商业的社会主义改造（1949~1956 年），使 1953~1956 年工业总产值平均增速 19.6%、农业总产值平均增速 4.8%，经济成分占比分别是国营经济的 32.2%、合作社经济的 53.4%、公私合营经济的 7.3% 和个体经济的 7.1%（沙健孙，2005），中国共产党领导中国人民建立起了社会主义公有制这一基本经济制度和比较完整的社会主义工业体系（孙建华和于婉华，2019），成为我国国民经济市场结构的起点。

新中国成立初期，我国工业绝大多数是纺织、造纸、卷烟、火柴、肥皂、面粉、橡胶、皮革等轻工业，苏联援助实施"156 项"建设项目（1953~1969 年），启动了重工业优先发展的工业化模式，促进了技术进步，奠基了钢铁工业、有色金属工业、机械工业、化学工业、能源工业、制药工业等基础工业体系，催生了航空工业、航天工业、船舶工业、电子工业、兵器工业等国防工业体系，形成了全国若干重要的工业基地、拉动了管理水平提升和高等教育与中等职业教育发展，是中国建成独立完整工业体系的奠基石①，除"156 项"建设项目外，"一五"时期施工的工程还有限额以上 921 个建设项目以及其他工矿业建设项目，建设单位达上万个，其中黑色金属工业 312 个、电力工业 599 个、煤炭工业 600 个、石油工业 22 个、金属加工工业 1922 个、化学工业 637 个、建筑材料工业 832 个、造纸工业 253 个、纺织工业 613 个、食品及其他轻工业约 5000 个。"156 项"建设项目相关企业，经过重组或改制，目前还存在 100 余家，在各行业仍然具有举足轻重的影响（赵学军，2021），这一时期可称我国国民经济市场结构"聚变时代"。

三线建设（1965~1980 年）是中国对全国工业布局进行的一次大规模战略性调整，核心是在大后方建设和发展以军工为核心的重工业基地，国家累计向三线地区投资 2052.68 亿元，占同期全国投资的 39.01%，大

---

① 20 世纪 60 年代中苏关系破裂后，转向引进日本、英国、法国、联邦德国、意大利等发达国家的技术，共进口了 84 项成套设备和技术，涵盖了石油、化工、冶金、矿山、电子和精密机械等领域。20 世纪 70 年代初期，中国制定了"四三方案"，引进石油、煤炭、冶金、发电、交通运输等基础工业设备以及农业、轻工业的设备。

批工厂企业、职工、干部等从东部一线地区迁到内地，共形成固定资产约1400亿元，占全国的1/3，建成全民所有制企业2.9万个，形成45个以重大产品为主的专业生产科研基地和30个各具特色的新兴工业城市，同时还形成了难能可贵持续发扬的西迁精神，迁厂主要以"一分为二"的方式进行，迁出部分设备、人员前往内地，或并入内地旧有相关企业，或与其他省市内迁工厂合并建厂，或者单独建立新厂（徐有威和陈熙，2015），这一时期可称我国国民经济市场结构"裂变时代"。

改革开放后，随着计划经济向市场经济转轨，存在多种形式的市场结构竞争演进，地方政府推动生产线引进升级（如家电）、市场换技术引进外商投资（如轿车）、民营经济发展（如房地产、电商、快递业等），迅速推动竞争行业市场结构竞争演进，同时政府主导电信等产业改革推动垄断行业市场结构竞争演进。

我国产业组织政策主要有下列几类：鼓励企业做大规模，从横向联合到产业组织结构合理化兼并收购，形成头部企业提高竞争力；促进竞争政策，从鼓励保护竞争到促进公平竞争，降低准入门槛提高竞争活力；中小企业促进政策，从金融、培训等方面具体支持到全面支持大众创业；反垄断，从鼓励垄断产业的混合所有制改革到监控治理网络平台垄断等；具体产业政策，从钢铁、汽车、船舶、有色金属各产业单独持续规划到聚焦汽车、合并多个产业分类规划（见表7-1）。

表7-1　我国产业组织相关政策文件分类

政策类别	政策名称
合并重组	《关于推动经济联合的暂行规定》（1980年）；《关于进一步推动横向经济联合若干问题的规定》（1986年）；《关于推进国有资本调整和国有企业重组指导意见的通知》（2006年）；《关于抑制部分行业产能过剩和重复建设引导产业健康发展的若干意见》（2009年）；《关于促进企业兼并重组的意见》（2010年）；《关于加快推进产能过剩行业结构调整的通知》（2006年）；《关于促进企业兼并重组的意见》（2010年）；《关于进一步加强企业兼并重组工作的通知》（2012年）；《关于加快推进重点行业企业兼并重组的指导意见》（2013年）；《关于化解产能严重过剩矛盾的指导意见》（2013年）；《关于进一步优化企业兼并重组市场环境的意见》（2014年）；《关于钢铁业化解过剩产能实现脱困发展的意见》（2016年）；《"十三五"国家战略性新兴产业发展规划》（2016年）

续表

政策类别	政策名称
促进竞争	《关于开展和保护社会主义竞争的暂行规定》（1980年）；《关于在工业品购销中禁止封锁的通知》（1982年）；《关于认真解决商品搭售问题的通知》（1986年）；《价格管理条例》（1987年）；《关于打破地区间市场封锁进一步搞活商品流通的通知》（1990年）；《中华人民共和国反不正当竞争法》（1993年）；《消费者权益保护法》（1993年）；《中华人民共和国价格法》（1997年）；《中华人民共和国招标投标法》（1999年）；《关于禁止在市场经济活动中实行地区封锁的规定》（2001年）；《关于整顿和规范市场经济秩序的决定》（2001年）；《关于促进市场公平竞争维护市场正常秩序的若干意见》（2014年）；《关于推进价格机制改革的若干意见》（2015年）；《关于在市场体系建设中建立公平竞争审查制度的意见》（2016年）；《关于加快建设全国统一大市场的意见》（2022年）
中小企业	《关于进一步改善对中小企业金融服务的意见》（1998年）；《关于加强中小企业管理人员培训的意见》（1999年）；《关于科技型中小企业技术创新基金的暂行规定》（1999年）；《关于建立中小企业信用担保体系试点的指导意见》（1999年）；《关于培育中小企业社会服务体系若干问题的意见》（2000年）；《关于鼓励和促进中小企业发展的若干政策意见》（2000年）；《关于进一步促进中小企业发展的若干意见》（2002年）；《中华人民共和国中小企业促进法》（2009年）；《关于大力推进大众创业万众创新政策若干政策措施的意见》（2015年）；《促进中小企业发展规划（2016-2020年）》（2016年）
反垄断	《关于鼓励支持和引导个体私营等非公有制经济发展的若干意见》（2005年）；《中华人民共和国反垄断法》（2007年）；《关于创新重点领域投融资机制鼓励社会投资的指导意见》（2014年）；《经营者集中反垄断审查服务指南》（2015年）；《关于相关市场界定的指南》（2024年）
产业规划	《90年代国家产业政策纲要》（1994年）；《汽车工业产业政策》（1994年）；《建材工业"控制总量、调整结构"的若干意见》（1998年）；《关于严控制造船舶基础设施重复建设的意见》（1999年）；《工商投资领域禁止重复建设目录》（1999年）；《汽车产业发展政策》（2004年）；《钢铁产业发展政策》（2005年）；《汽车产业调整和振兴规划》（2009年）；《钢铁产业调整与振兴规划》（2009年）；船舶工业调整和振兴规划（2009年）；《节能与新能源汽车产业发展规划（2012-2020年）》（2012年）；《船舶工业加快结构调整促进转型升级实施方案（2013-2015年）》（2013年）；《关于加快新能源汽车推广应用的指导意见》（2014年）；《中国制造2025》（2015年）；《钢铁产业调整升级规划（2016—2020）》（2016年）；《船舶工业深化结构调整加快转型升级行动计划（2016—2020）》（2016年）；《有色金属工业发展规划（2016—2020）》（2016年）；《关于营造良好市场环境促进有色金属工业调结构促转型增效益的指导意见》（2016年）；《促进汽车动力电池产业发展行动方案》（2017年）；《新能源汽车产业发展规划（2021—2035年）》（2020年）；《智能汽车创新发展战略》（2020年）；《"十四五"原材料工业发展规划》（2021年）；《关于促进钢铁工业高质量发展的指导意见》（2022年）；《氢能产业发展中长期规划（2021—2035年）》（2022年）

自党的十八大以来，随着我国经济进入高质量发展阶段，我国企业在国际竞争实力逐渐增强，在一些产业领域竞争优势逐渐显现，面对百年未有之大变局，我国产业组织相关政策也呈现新的特点，一是更加注重中小企业发展；二是更加重视反垄断；三是更加重视市场准入与公平竞争；四是更加重视经济技术安全和新兴产业突破。

7.1.2　国外经济增长中的产业组织政策

德国鼓励大企业间的分工合作是其产业组织政策的重要特点，其促进了产品创新和经济效益的上升。微观经济学的标准理论认为企业间竞争的首要手段是价格行为，而德国企业却广泛实行价格卡特尔，专注进行产品多样化，在细分市场中攫取属于自己的那一部分生产者剩余。产业组织政策使得企业利润增加、产业经济效益改善、资本快速积累和经济高速增长。德国经济学家李斯特曾总结自己一生做了两件矛盾的事情——统一国内市场和建立对外的关税壁垒，对外竞争、对内合作是德国制造业的主旋律，对外竞争可以保证企业保持世界水平的经营效率，不会因为垄断势力而不思进取，对内合作则便于企业充分获取利润、实现快速扩张，从而实现快速经济增长。德国的产业组织政策称得上"可竞争市场理论"的实践案例，也是经济赶超的典型案例，德国化学工业发展尤其体现了产业组织政策的作用。在德国的化学工业中，主要的企业赫斯特、拜耳和巴斯夫都将经营重点放在增加产品种类和产品创新上，企业间产品不直接竞争，企业互不侵入对方的市场领域，如此合作初期依靠卡特尔协定，协约解除后仍然保持默契。新产品帮助企业获得生产者剩余，赚取超额利润以便于资本积累，而产品多样化则充分利用销售努力和研发投入，产生"范围经济"，降低成本、增加收益。把工业化学品在医药上应用后，则又获得研究开发上的"事半功倍"，在工业和医药两个市场上获取利润。此外，德国化学工业多样化经营成功对国内工程机械制造业产生"溢出效应"，催生工程机械制造业的"柔性定制"模式，成功避开与日本企业在标准化设备大批量生产直接竞争，德国企业针对工艺技巧密集产品的小批量定制生产日益成为制造业的主流趋势（钱德勒，2004）。

　　日本产业组织政策特点是对大企业间接引导和对小企业直接扶持。对大企业的间接引导体现在促进企业合并，避免过度竞争、达到规模经济。同时，日本通产省对中小企业进行了巨额的补贴，从而激发中小企业的经济创造力，众多中小企业积极从事大企业的分包业务，形成了日本独有的产业组织形态——以大企业为核心的中小企业多级分包制。分包制能更大限度地发挥分工的效率，规避大企业管理层级过多导致的"X"非效率，提高产业链的全要素生产率，从而促进日本经济快速实现赶超。日本在1964 年加入经济合作组织后，外国企业进入国内市场促进了国内市场的激烈竞争。通产省担心国内企业竞争力下降和企业经营失败，为利用设备大型化带来的规模经济，避免过度竞争，推行针对大企业的产业组织重组政策，如钢铁业中八藩和富士两家钢铁企业合并。首先大企业合并和改组可促进设备配置合理化和企业规模经济，产生三菱和新日铁等多个大企业集团；其次可提高管理协作效率，合并五年后新企业利润率得以提高的案例较多，新企业内部人员磨合完毕、团结协作威力日益显现；最后与德国类似，通过国际国内市场的激烈竞争继续保证日本大企业的经营效率，并不因为企业合并导致垄断低效率。日本对小企业的直接资金扶持远大于促进大企业发展的投入，在日本通产省各产业组织政策预算中，充实中小企业政策预算远远高于其他产业组织政策的资金数额，可见日本产业组织政策考虑到中小企业缺少资金，直接扶持更能促进其快速增长，而大企业不缺少资金或者金融渠道畅通，因此对大企业采用间接引导的产业组织政策更能有效利用"稀缺"的财政资源（小宫隆太郎等，1988）。

　　韩国产业组织政策的特点是依市场业绩奖励大企业、降低进入壁垒促进小企业发展。韩国产业组织政策比日本力度更大，且具有明显阶段性。前期通过补助大型企业集团，建立了坚实的工业基础；后期积极促进小企业发展，一方面直接扶持，另一方面减少审批程序、降低进入壁垒，成功适应并促进信息产业发展。韩国工业化进程核心是家庭控制的多元化大型企业集团，韩国的企业系统不同于日本，依靠国有银行系统使韩国政府产业组织政策比日本拥有更大的力量。在支持大型企业集团上，韩国政府补助标准是企业经营业绩，优秀业绩可以获得特惠贷款和国外进口与投资的保护制度。韩国大型企业集团从事多元化经营，出口导向保证集团经营的效率。韩国的大型企业执行一致价格策略，避免简单同质竞争，积极从事研发创新。韩国政府鼓励企业集团组建综合贸易公司，提供特别财政激励和信贷补助，避免大规模折扣批发的销售形式，便于企业集团积累资金。20世纪80年代中期韩国政府积极减少小企业的审批手续，压缩了350天的盖章时间，最大限度释放企业家精力从事生产型劳动，90年代政府通过特惠贷款对中小企业的技术研发进行支持，迅速发展高新技术产业（宋丙洛，1994）。

7.2　产业组织政策内涵与原则

理论分析和实证检验均已表明产业组织政策对促进经济增长的重要意义。经济赶超和跨越式发展需要各种经济政策的实施和配合，产业组织政策无疑是重要的政策工具（Stern，1991），德国、日本和韩国从落后国变成发达国家的经济赶超事实，使产业组织政策的研究和运用成为关注热点。

产业组织政策作用机制主要有：大企业间的合作促进创新和产品多样化，具有提高生产率和增加资本投入的作用；大企业纵向一体化产生速度经济，横向合并产生规模经济，提高全要素生产率；小企业的审批程序减少能节约企业家劳动时间，提高生产劳动时间；大小企业的分工协作可以克服大企业病，提高全要素生产率；通过参与国际竞争避免大企业垄断低效率。我国产业组织政策主要包括：经济规模政策，企业并购政策，产业退出援助政策，反垄断政策，中小企业政策（胡川，2007）。产业组织政策通过多种作用机制作用于要素投入和生产率，而提高要素投入和提高生产率是实现经济增长、经济赶超的两个主要途径（Romer，1987；弗里曼和苏特，2004）。

从产业组织政策形式上看，产业组织政策是调整产业内企业之间分工协作、交易和利益关系的政策，目的是协调垄断和竞争关系，建立兼有竞争效率和规模经济的产业组织方式（刘戒骄等，2019）。从产业组织政策目的来看，产业组织政策旨在获得规模收益的同时使经济保持竞争活力和持续发展（胡伟，2019）。从企业的发展历程来看，产业组织政策应该涵盖企业设立、市场进入、竞争行为、兼并收购、失败退出等方面。

因此，产业组织政策是国家为了实现经济高质量发展，制定实施通过激励企业的有效竞争行为，达到规模经济、持续创新和竞争优势的经济政策。

根据政策目的确定政策原则，产业组织政策制定原则应该包括：

第一，鼓励企业设立原则，支持各类人群以各种形式设立企业，在市场无法产生企业的时候设立国有企业实现经济增长。

第二，便利市场进入原则，取消不合理的市场进入壁垒，提高消费者面临市场结构竞争程度。

第三，保持竞争活力原则，针对企业垄断行为进行有效识别和制止。

第四，增强竞争优势原则，促进国有企业、头部企业具有国际竞争优势，先进技术上实现赶超。

第五，企业行为监督原则，保证商品质量符合国家标准。

第六，促进经济发展原则，促进经济量的合理增长和质的有效提升。

第七，降低社会成本原则，对于竞争失败的企业人员进行再培训，降低失业社会成本、增强再就业能力。

第八，保障经济安全原则，对于涉及安全的产业和企业设立备份，保障经济社会、企业技术安全。

本章认为产业组织政策实施中主要的问题有以下几个方面：

第一，垄断性进入壁垒仍然存在，影响市场结构有效演进。

我国存在不少垄断性产业，已经进行改革的产业，通过市场结构的演变，为我国经济增长贡献了巨大的力量。除了垄断性产业，一些地区仍然存在垄断现象，有的竞争企业面临准入限制，使消费者可选消费的市场结构垄断程度仍然较高，这些进入壁垒直接影响了市场结构向更高的竞争程度演变，不利于整体经济增长，也妨碍本地企业发展壮大。

第二，对国有企业直接支持过多、财政负担较重，对民营大企业引导不够。

我国各级别的国有企业拥有雄厚的资金和较多的政府支持。产业组织政策对大企业进行了较多的资金支持，资金的作用对于大企业边际效用小，效果未必明显，反而加重财政负担。对于大企业的引导不够，国有企业之间分工协作程度有待提高，大企业获得了较多支持反而容易盲目多元化，如很多国企涉足不熟悉的房地产和金融等行业，以致国家出台政策要求一些国企退出房地产业和金融业。房地产等个别行业民营大企业发展规模过快，获得金融支持条件太过宽松，产业组织政策对其引导和风险提示不够到位，以致房地产企业盲目进入食品饮料和汽车等难度较大的不熟悉产业，最终走向破产深渊。

第三，对小企业直接支持不够，退出关怀有待完善。

虽然政府通过设立产业园通过降低税收和营运成本支持小企业发展，但园外企业运营成本尤其是房租仍然是创业者最大负担，而政府在这方面支持较少。另外，仍有个别地区创办企业面对繁琐审批手续和较长审批时间，统计表明审批时间和经济发达程度成反比。由于大型企业的破产人员涉及面广、社会成本高，政府对于大型企业退出关怀包括职工安置和再就业培训等，但是对于小企业退出关怀有待完善。

第四，对企业不正当竞争行为监管有待提高。

对于企业产品质量问题，尤其是关系大众生活的日常消费品，每年"3.15"和日常媒体都会暴露一些产品质量问题，因此还需要加强日常监管力度和广度。同时，一些互联网平台的不当垄断行为还偶有发生，需要持续监控。

7.3　我国产业组织政策建议

基于现状和问题的分析，本章给出如下的改进建议：

第一，加快建设国内统一大市场，破除地方保护、行政垄断和进入壁垒，促使市场结构竞争演进。

构建国内统一大市场、破除地方保护和行政垄断，在全地域、多领域进一步推动市场结构竞争演进。一是要加快自然垄断性竞争性环节的改革，或拆分引入竞争，或允许其他企业进入开展竞争。二是要加快各行政地区进一步放开市场，破除人为造成的各种垄断形态。要使经济管理者真正从思想上认识到良性竞争促进的市场结构竞争演进，有利于企业的竞争力提升和地区经济的快速增长，长期有利于提高财政收入和形成共赢局面。要从管理流程优化中和制度上提高政府管理效率，工作程序规定更透明，避免存在设租寻租空间。三是加强基础设施建设改善交通条件，降低物流成本、促进市场竞争，形成消费者选择层面更具竞争的市场结构，让消费者在一定的交易成本下具有更多选择，在一定的选择范围内承担更低交易成本。四是引导优质企业投资欠发达地区项目，充分发挥各级国企行为长期、实力雄厚、决策稳定性强等优势，积极实施农村地区、西部山区项目投资，引导有实力的民营企业积极参与，提升欠发达地区的产业组织水平，实现城乡高质量融合发展。

第二，坚持两个"毫不动摇"，加强对大企业有效引导，减少直接资金支持、缓解财政压力。

坚持两个"毫不动摇"，持续激发大型国企和民企的高质量发展动力，当市场不能自发产生竞争者的情况下，设立国企进行竞争可以有效促进市场结构竞争演进和经济增长。大企业融资渠道较为通畅、融资成本相对较低，政府为降低财政负担，可以减少对大企业的直接资金支持，改为智力支持或市场化的股权投资等。而对于大型民营企业，则在产业发展方向加以政策指引和智力支持外，还有必要给予一些风险提示，同时指导金融行业避免过度授信，有效防止民营大企业无序扩张规模、进入无竞争力领域，避免出现某些大型民营房地产企业困境。

第三，有效降低小微企业营运成本，建立小微企业失败再培训扶持制度。

利用国企收购来的房地产，以优惠价格租给创业人员和小微企业，进一步优化营商环境，免除小微企业审批注册费用，消除小微企业的歧视，缩短小微企业审批注册时间，降低进入壁垒能促进市场结构竞争演进，充分调动民间投资的活力和创造力，由此带来的经济增长可以增加税收收入、促进就业。建立小微企业经营失败的关怀制度，实施小微企业创业者和员工再培训，提升人力资本以助再创业和再就业。

第四，企业研发创新支持由资金补贴变为研发贷款、产学研融合和集中攻坚等方式，销售努力方面开展多渠道地区特色产品广告宣传。

我国的金融企业对研发创新金融支持不够，需要提供研发创新贷款、债券等对企业研发行为进行有力的资金支持。为了有限的财政资源获取更多的收益，产业组织政策应该把对企业研发资金直接支持转变为提供产学研融合平台和融智支持。对于重大的技术研发创新，可以发挥我国体制优势，利用集中技术攻坚发展新质生产力。同等重视广告宣传等销售努力，各级地方政府可以通过信息发布、短视频等多种媒体宣传形式的为需要重点支持的地理保护标志产品等地方特色商品进行有效支持。

第五，鼓励优质企业开展纵向一体化与横向兼并重组，促进产业链生产率提高和经济安全。

充分发挥核心企业纵向一体化在促进产业链生产率提升和经济安全方面的作用，积极推动提升企业竞争力和风险防控能力的横向并购重组（如市县级农村商业银行横向合并组建省级农商联合银行等），鼓励企业利用并购贷款、并购债券和并购基金等方式融资实施兼并重组，在保障竞争效率的同时，提升被收购企业的管理能力，实现规模经济、速度经济和范围经济，以期在新质生产力研发上集中优势资源、避免重复投入（如南车和北车合并为中车等）。

第六，加强商品和服务质量监管，准确界定和有效监管互联网平台垄断行为。

加强大众日常消费品和服务质量监管，完善相应执法体制，提高监督检查频率、加大违规违法处罚力度，增强对消费者权益的保护，避免劣币驱逐良币，促进企业高质量发展。坚持行为监管和功能监管理念，准确识别界定互联网平台企业的行为垄断，实施有效监管，实现提升企业竞争能力和保障消费者权益双目标，同时加强平台经济备份和平台经济安全。

参考文献

〔1〕 Aghion P, Harris C, Howitt P, et al. Competition, Imitation and Growth with Step – by – step Innovation 〔J〕. Review of Economic Studies, 2001 (68).

〔2〕 Aghion P, Howitt P. A Model of Growth Through Creative Destruction 〔J〕. Econometrica, 1992 (60).

〔3〕 Alesina A, Rodrik D. Distributive Politics and Economic Growth 〔J〕. Quarterly Journal of Economics, 1994 (5).

〔4〕 Arrow K J. The Economic Implications of Learning by Doing 〔J〕. Review of Economic Studies, 1962 (6).

〔5〕 Barro R J. Government Spending in a Simple Model of Endogeneous Growth 〔J〕. Journal of Political Economy, 1990 (10).

〔6〕 Barro R J. Economic Growth in a Cross Section of Countries 〔J〕. The Quarterly Journal of Economics, 1991 (5).

〔7〕 Baumol W J. Contestable markets: An Uprising in the Theory of Industry Structure 〔J〕. American Economic Review, 1982 (3).

〔8〕 Becker G S, Murphy K M. The Division of Labor, Coordination Costs, and Knowledge 〔J〕. Quarterly Journal of Economics, 1992 (2).

〔9〕 Been–Lon Chen. Economic Growth with an Optimal Public Spending Composition 〔J〕. Oxford Ecomomic Papers, 2006 (58).

［10］ Cass D. Optimum Growth in an Aggregative Model of Capital Accumulation ［J］. Review of Economic Studies, 1965 (7).

［11］ Ethier W J. National and International Returns to Scale in the Modern Theory of International Trade ［J］. American Economic Review, 1982 (72).

［12］ Grossman G M, Helpman E. Quality Ladders in the Theory of Growth ［J］. Review of Economic Studies, 1991a (58).

［13］ Grossman G M, Helpman E. Quality Ladders and Product Cycles ［J］. Quarterly Journal of Economics, 1991b (5).

［14］ James A., Schmitz Jr. What Determines Productivity? Lessons from the Dramatic Recovery of the U. S. and Canadian Iron Ore Industries Following Their Early 1980s Crisis ［J］. Journal of Political Economy, 2005 (6): 582-625.

［15］ Karakaya F, Stahl M J. Barriers to Entry and Market Entry Decisions in Consumer and Industrial Goods Markets ［J］. Journal of Marketing, 1989 (4).

［16］ Mankiw N G, Romer D, Weil D N. A Contribution to the Empirics of Economic Growth ［J］. Quarterly Journal of Economics, 1992 (5).

［17］ Nicholas Stern. The Determinants of Growth ［J］. The Economic Journal, 1991 (1): 122-133.

［18］ Peretto P. Cost Reduction, Entry, and the Interdependence of Market Structure and Economic Growth ［J］. Journal of Monetary Economics, 1999 (43).

［19］ Romer P M. Increasing Returns and Long-run Growth ［J］. Journal of Political Economy, 1986 (9).

［20］ Romer P M. Growth Based on Increasing Returns Due to Specialization ［J］. American Economic Review, 1987 (5).

［21］ Romer P M. Are Nonconvexities Important for Understanding Growth?

[J]. American Economic Review, 1990a (80).

[22] Romer P M. Endogenous Technological Change [J]. Journal of Political Economy, 1990b (10).

[23] Schmitz J A Jr. What Determines Productivity? Lessons from the Dramatic Recovery of the U. S. and Canadian Ironore Industries Following Their Early 1980s Crisis [J]. Journal of Political Economy, 2005 (6).

[24] Solow R M. A Contribution to the Theory of Economic Growth [J]. Quarterly Journal of Economics, 1956 (2).

[25] Solow R M. Technical Change and the Aggregate Production Function [J]. Review of Economic Studies, 1957 (8).

[26] Spence M. Product Selection, Fixed Costs, and Monopolistic Competition [J]. Review of Economic Studies, 1976 (43).

[27] Stern N. The Determinants of Growth [J]. The Economic Journal, 1991 (1).

[28] Stigler G. The Economics of Information [J]. The Journal of Political Economy, 1961 (69).

[29] Stigler G, Becker G. Association De Gustibus Non Est Disputandum [J]. American Economic Review, 1977 (67).

[30] Syverson C. Market Structure and Productivity: A Concrete Example [J]. Journal of Political Economy, 2004 (8).

[31] Zhang Anming, Zhang Yimin, Zhao Ronald. A Study of the R&D Efficiency and Producitivity of Chinese Firms [J]. Journal of Comparative Economics, 2003 (31).

[32] A. D. 钱德勒. 大企业和国民财富 [M]. 北京: 北京大学出版社, 2004.

[33] G. M. 格罗斯曼, E. 赫尔普曼. 全球经济中的创新与增长 [M]. 北京: 中国人民大学出版社, 2002.

[34] W. W. 罗斯托. 从起飞进入持续增长的经济学 [M]. 成都: 四

川人民出版社，1988.

［35］阿瑟·刘易斯. 经济增长理论［M］. 北京：商务印书馆，1999.

［36］艾略特·赫希曼. 经济发展战略［M］. 北京：经济科学出版社，1991.

［37］保尔·芒图. 十八世纪产业革命——英国近代大工业初期的概况［M］. 北京：商务印书馆，1983.

［38］保罗·巴兰. 增长的政治经济学［M］. 北京：商务印书馆，2017.

［39］保罗·巴兰，保罗·斯威齐. 垄断资本：论美国的经济与社会秩序［M］. 北京：商务印书馆，2021.

［40］贝赞可，德雷诺夫，尚利，谢弗. 战略经济学［M］. 北京：中国人民大学出版社，2006.

［41］蔡昉，王德文. 中国经济增长可持续性与劳动贡献［J］. 经济研究，1999（10）.

［42］陈岱孙. 从古典经济学派到马克思——若干主要学说发展论略［M］. 北京：商务印书馆，2014.

［43］陈凯. 小灵通的存在与发展［EB/OL］. http：//it. sohu. com/52/32/blank209343252. shtml.

［44］陈强. 高级计量经济学及 Stata 应用［M］. 北京：高等教育出版社，2014.

［45］陈涛涛. 影响中国外商直接投资溢出效应的行业特征［J］. 中国社会科学，2003（4）.

［46］陈小慧. 造车新势力竞争白热化［N］. 深圳商报，A01，2024-03-02.

［47］陈晓红，于涛. 营销能力对技术创新和市场绩效影响的关系研究——基于我国中小上市企业的实证研究［J］. 科学学研究，2013（4）.

［48］程玉春. 区域经济发展中的产业组织合理化研究［D］. 成都：

四川大学，2003.

[49] 崔宏凯，魏晓．民间投资、产业结构与经济增长——基于我国省级动态面板数据的实证分析［J］．经济问题，2018（1）．

[50] 大卫·李嘉图．政治经济学及赋税原理［M］．北京：商务印书馆，1997.

[51] 丹尼斯·C. 缪勒．公共选择理论［M］．北京：中国社会科学出版社，1999.

[52] 丹尼斯·卡尔顿，杰弗里·佩罗夫．现代产业组织［M］．上海：上海三联书店，1998.

[53] 道格拉斯·诺思，罗伯斯·托马斯．西方世界的兴起［M］．北京：华夏出版社，1999.

[54] 邓俊荣，常新．中国市场结构和产业组织政策分析［J］．西安电子科技大学学报（社会科学版），1999（3）．

[55] 丁敬平．产业组织政策研究［D］．北京：中国社科院研究生院，1995.

[56] 杜传忠．西方发达国家产业组织政策比较及启示［J］．淄博学院学报（社会科学版），2001（1）．

[57] 多纳德·海，德里克·莫瑞斯．产业经济学与组织［M］．北京：经济科学出版社，2001.

[58] 方红生．面板数据分析与 Stata 应用［M］．杭州：浙江大学出版社，2022.

[59] 菲利普·阿吉翁，彼得·霍依特．内生增长理论［M］．北京：北京大学出版社，2004.

[60] 弗里德里希·李斯特．政治经济学的国民体系［M］．北京：商务印书馆，1997.

[61] 付彩霞．国家战略利益的凸现与产业组织政策的新变化［J］．学术研究，2001（4）．

[62] 付凌晖．我国产业结构高级化与经济增长关系的实证研究

[J]. 统计研究，2010（8）.

[63] 付彤杰，林黎. 价格竞争的经济增长效应分析［J］. 价格月刊，2011（7）.

[64] 付彤杰，张衔. 销售努力促进消费的经济增长效应研究：兼与研发比较［J］. 经济问题，2020（12）.

[65] 付彤杰，张衔. 企业家精神、市场结构竞争演进与中国经济增长［J］. 经济问题，2023（11）.

[66] 干春晖. 企业策略性行为研究［M］. 北京：经济管理出版社，2005.

[67] 干春晖，戴榕，李素荣. 我国轿车工业的产业组织分析［J］. 中国工业经济，2002（8）.

[68] 干春晖，郑若谷，余典范. 中国产业结构变迁对经济增长和波动的影响经济研究［J］. 2011（5）.

[69] 高玉泽. 我国银行业的市场结构与竞争行为［J］. 产业经济研究，2003（1）.

[70] 龚晓峰. 中国彩电产业发展研究［D］. 成都：西南财经大学，2001.

[71] 龚新蜀. 西部地区产业组织优化与经济集约增长研究［M］. 北京：经济科学出版社，2009.

[72] 郭广珍，刘瑞国，黄宗晔. 交通基础设施影响消费的经济增长模型［J］. 经济研究，2019（3）.

[73] 郭军芳. 中国彩电行业的产业组织分析［D］. 北京：中国人民大学，2005.

[74] 郭庆旺，贾俊雪. 政府公共资本投资的长期经济增长效应［J］. 经济研究，2006，（7）.

[75] 海韦尔·G. 琼斯. 现代经济增长理论导引［M］. 北京：商务印书馆，1994.

[76] 胡川. 产业组织演进与产权制度变迁的关联研究［M］. 武汉：

武汉大学出版社，2007.

[77] 胡厚全．企业家精神与中国经济增长：基于历史传承的视角
[J]．系统工程理论与实践，2022（6）.

[78] 胡伟．高质量发展阶段我国产业组织政策的四个前沿问题
[J]．经济纵横，2019（1）.

[79] 黄群慧，等．面向制造强国的中国产业政策［M］．北京：中国
社会科学出版社，2021.

[80] 黄小勇．央视黄金资源广告能促进销售吗［J］．经济学（季
刊），2015（4）.

[81] 霍利斯·钱纳里．结构变化与发展政策［M］．北京：经济科学
出版社，1991.

[82] 霍利斯·钱纳里，谢尔曼·鲁宾逊，摩西·塞尔奎因．工业化
和经济增长的比较研究［M］．上海：上海三联书店，上海人民出版
社，1995.

[83] 江飞涛．中国产业组织政策的缺陷与调整［J］．学习与探索，
2017（8）.

[84] 江飞涛，赵雪，贺鑫源．数字经济时代的中国产业政策［J］.
学习与探索，2024（6）.

[85] 江小涓．体制转轨中的增长、绩效与产业组织变化——对中国
若干行业的实证分析［M］．上海：上海三联书店，上海人民出版
社，1999.

[86] 克拉克．财富的分配［M］．北京：商务印书馆，1983.

[87] 克里斯·弗里曼，罗克·苏特．工业创新经济学［M］．北京：
北京大学出版社，2004.

[88] 莱昂·瓦尔拉斯．纯粹经济学要义［M］．北京：商务印书
馆，1989.

[89] 李春琦，刘克逸．转型期我国产业组织政策的选择［J］．财贸
经济，2003（1）.

［90］李宏彬，李杏，姚先国，等．企业家的创业与创新精神对中国经济增长的影响［J］．经济研究，2009（10）.

［91］李剑，沈坤荣．研发活动对经济增长的影响——大中型工业企业的面板协整动态 OLS 估计［J］．山西财经大学学报，2009（3）.

［92］李敬，冉光和，温涛．金融影响经济增长的内在机制——基于劳动分工理论的分析［J］．金融研究，2007（6）.

［93］李坤望，蒋为．市场进入与经济增长——以中国制造业为例的实证分析［J］．经济研究，2015（5）.

［94］李世英．市场进入壁垒问题研究综述［J］．开发研究，2005（4）.

［95］李想，徐艳梅．引进购买外部技术对专利产出与新产品销售收入影响的异质性分析——以高技术产业为例［J］．科学学与科学技术管理，2019（11）.

［96］李毓，周欢．区域信贷、技术创新对经济增长影响的实证分析——基于空间面板视角［J］．经济问题，2018（11）.

［97］李子奈，鲁传一．管理创新在经济增长中贡献的定量分析［J］．清华大学学报（哲学社会科学版），2002（2）.

［98］理查德·R. 纳尔逊，悉尼·G. 温特．经济变迁的演化理论［M］．北京：商务印书馆，1997.

［99］梁东黎．经济增长：从相对价格角度的解释［J］．江苏社会科学，1999（6）.

［100］梁东黎．产业结构政策的宏观效应［J］．江苏社会科学，2005（4）.

［101］梁东黎．需求约束条件下的经济增长理论［J］．南京社会科学，2007（1）.

［102］林文敏，罗晓宏，刘超．"创新潮"背景下武汉市创业创新平台空间布局及写字楼租金对其影响研究［J］．攀枝花学院学报，2018（3）.

［103］刘戒骄，张小筠，王文娜．新中国 70 年产业组织政策变革及

展望 [J]. 经济体制改革, 2019 (3).

[104] 刘伟, 李绍荣. 产业结构与经济增长 [J]. 中国工业经济, 2002 (5).

[105] 刘伟, 苏剑, 蔡志洲, 等. 经济增长及发展潜能: 理论演变与中国经验 [M]. 北京: 中国人民大学出版社, 2020.

[106] 刘伟, 张辉. 中国经济增长中的产业结构变迁和技术进步 [J]. 经济研究, 2008 (11).

[107] 刘小玄. 中国转轨经济中的产权结构和市场结构——产业绩效水平的决定因素 [J]. 经济研究, 2003 (1).

[108] 刘新同. 我国企业研发投入与经济增长的协整分析 [J]. 科技管理研究, 2009 (3).

[109] 刘元春, 朱戎. 中国工业制度体系变迁、市场结构与工业经济增长——计量与实证研究 [J]. 经济学动态, 2003 (4).

[110] 刘志彪, 江飞涛, 李伟, 等. 建设全国统一大市场 [J]. 上海经济, 2022 (4).

[111] 刘志铭. 竞争性市场过程、产业组织与经济增长: 奥地利经济学派的发展 [J]. 南开经济研究, 2001 (4).

[112] 刘志迎. 中国轿车产业发展: 基于产业组织理论的研究 [M]. 合肥: 合肥工业大学出版社, 2005.

[113] 刘志永, 冯子标, 米雪. 地方政府、企业家精神与地区经济高质量增长 [J]. 西安交通大学学报 (社会科学版), 2020 (11).

[114] 龙茂发, 马明宗. 产业经济学 [M]. 成都: 西南财经大学出版社, 2001.

[115] 卢方元, 靳丹丹. 我国 R&D 投入对经济增长的影响——基于面板数据的实证分析 [J]. 中国工业经济, 2011 (3).

[116] 鲁传一, 李子奈. 企业家精神与经济增长理论 [J]. 清华大学学报 (哲学社会科学版), 2000 (3).

[117] 路德维希·冯·米塞斯. 人的行动: 关于经济学的论文

［M］．上海：上海人民出版社，2022.

［118］罗伯特·J. 巴罗，夏威尔·萨拉伊马丁．经济增长［M］．上海：格致出版社，2010.

［119］罗纳德·哈里·科斯．论生产的制度结构——建立一种对生产的制度结构的决定因素分析的理论［M］．上海：上海三联书店，1994.

［120］罗伊·哈罗德．动态经济学［M］．北京：商务印书馆，2017.

［121］马尔萨斯．政治经济学原理［M］．北京：商务印书馆，1962.

［122］马克思．资本论（第一卷）［M］．北京：人民出版社，1975.

［123］马克思．资本论（第二卷）［M］．北京：人民出版社，1975.

［124］马克思．资本论（第三卷）［M］．北京：人民出版社，1975.

［125］马歇尔．经济学原理［M］．北京：商务印书馆，1964.

［126］马忠新，陶一桃．企业家精神对经济增长的影响［J］．经济学动态，2019（8）.

［127］毛林根．结构·行为·效果——中国工业产业组织研究［M］．上海：上海人民出版社，1996：118-190.

［128］毛其淋，盛斌．中国制造业企业的进入退出与生产率动态演化［J］．经济研究，2013（3）.

［129］孟昌．结构性进入壁垒与行政性进入壁垒——基于租金分析范式的理解［J］．中国流通经济，2010（5）.

［130］牛晓帆．西方产业组织理论的演化与新发展［J］．经济研究，2004（3）.

［131］诺斯．制度、制度变迁与经济绩效［M］．上海：上海三联书店，1994.

［132］潘士远，史晋川．知识吸收能力与内生经济增长——关于罗默模型的改进与扩展［J］．数量经济技术经济研究，2001（11）.

［133］潘士远，史晋川．内生经济增长理论：一个文献综述［J］．经济学（季刊），2002（4）.

［134］平新乔．微观经济学十八讲［M］．北京：北京大学出版

社，2001.

[135] 蒲勇健，杨秀苔．基于人力资本增长的内生经济增长模型 [J]．管理工程学报，2001（3）．

[136] 钱世超．中国轿车市场结构与企业行为研究 [D]．上海：上海社会科学院，2005.

[137] 钱蓁．中国商业银行的效率研究——SFA 方法分析 [J]．南京社会科学，2003（1）．

[138] 乔治·J. 施蒂格勒．产业组织 [M]．上海：上海三联书店，2006.

[139] 让—帕斯卡·贝纳西．不完全竞争与非市场出清的宏观经济学：一个动态一般均衡的视角 [M]．上海：上海三联书店，上海人民出版社，2005.

[140] 让—雅克·拉丰，大卫·马赫蒂摩．激励理论（第一卷）委托代理模型 [M]．北京：中国人民大学出版社，2002.

[141] 萨伊．政治经济学概论 [M]．北京：商务印书馆，1963.

[142] 沙健孙．关于社会主义改造问题的再评价 [J]．当代中国史研究，2005（1）．

[143] 沈梓鑫，江飞涛．新命题下的中国产业政策：主线演变与转型路径 [J]．探索与争鸣，2024（3）．

[144] 盛文军．产品差别化的经济分析 [D]．南京：南京大学，2003.

[145] 盛昭瀚，蒋德鹏．演化经济学 [M]．上海：上海三联书店，2002.

[146] 施中华．中国轿车产业组织演化研究 [D]．上海：复旦大学，2006.

[147] 斯蒂芬·马丁．高级产业经济学 [M]．上海：上海财经大学出版社，2003.

[148] 宋丙洛．韩国经济的崛起 [M]．北京：商务印书馆，1994.

[149] 苏屹，安晓丽，雷家骕．基于耦合度门限回归分析的区域创新系统 R&D 投入对创新绩效的影响［J］．系统管理学报，2018（4）.

[150] 孙建华，于婉华．"三大改造"奠定了中国社会主义现代化建设的制度和经济基础［J］．毛泽东邓小平理论研究，2019（8）.

[151] 孙婉秋，吴迪．比亚迪加码"价格战"［N］．国际金融报，2024-04-01.

[152] 泰勒尔．产业组织理论［M］．北京：中国人民大学出版社，1997.

[153] 泰萨·莫里斯—铃木．日本经济思想史［M］．北京：商务印书馆，2000.

[154] 谭崇台．发展经济学的新发展［M］．武汉：武汉大学出版社，1999.

[155] 田国强．高级微观经济学［M］．北京：中国人民大学出版社，2016.

[156] 万勇．区域 R&D 绩效及其与经济增长的关联研究——基于文献研究的视角［J］．技术经济与管理研究，2014（1）.

[157] 汪辉平，王增涛．创新型企业家精神更有利于经济的长期增长？［J］．南开经济研究，2018（4）.

[158] 王伯成．电信竞争的形成——机理、路径与管制治理［D］．广州：暨南大学，2006.

[159] 王军，张一飞．政府研发补贴对企业创新以及经济增长的影响——理论依据与政策选择［J］．经济社会体制比较，2016（5）.

[160] 王龙．中国汽车产业国际竞争力研究［D］．武汉：武汉理工大学，2006.

[161] 王琴梅，殷培伟，姚宇．我国 R&D 投入与经济增长驱动关系的实证研究——基于 LMDI 分解法［J］．经济经纬，2011（5）.

[162] 王文举，王国成，李雪松，等．博弈论应用与经济学发展［M］．北京：首都经济贸易大学出版社，2003.

［163］王文举，姚益家．企业家精神、经济增长目标与经济高质量发展［J］．经济经纬，2021（5）.

［164］威廉·G. 谢泼德，乔安娜·M. 谢泼德．产业组织经济学［M］．北京：中国人民大学出版社，2007.

［165］威廉·鲍莫尔．资本主义的增长奇迹——自由市场创新机器［M］．北京：中信出版社，2004.

［166］威廉·配第．政治算术［M］．北京：商务印书馆，1960.

［167］威廉·配第．赋税论、献给英明人士、货币略论［M］．北京：商务印书馆，1963.

［168］卫志民．近 70 年来产业组织理论的演进［J］．经济评论，2003（1）.

［169］魏后凯．中国工业集中和市场结构的实证分析［J］．福建论坛（经济社会版），2001（9）.

［170］魏后凯．中国制造业集中与市场结构分析［J］．管理世界，2002a（4）.

［171］魏后凯．中国制造业集中状况及其国际比较［J］．中国工业经济，2002b（1）.

［172］魏后凯．企业规模、产业集中与技术创新能力［J］．经济管理，2002c（4）.

［173］魏后凯．经济转型、市场竞争与中国产业集中［J］．当代经济科学，2002d（4）.

［174］魏后凯．市场竞争、经济绩效与产业集中——对中国制造业集中与市场结构的实证研究［M］．北京：经济管理出版社，2003.

［175］温忠麟，叶宝娟．中介效应分析：方法和模型发展［J］．心理科学进展，2014（5）.

［176］文一．伟大的中国工业革命——"发展政治经济学"一般原理批判纲要［M］．北京：清华大学出版社，2016.

［177］吴延兵．R&D 与生产率——基于中国制造业的实证研究［J］.

经济研究，2006（11）.

　　［178］吴易风．经济增长理论的历史辨析［J］．学术月刊，2003（2）.

　　［179］吴易风．马克思的经济增长理论模型［J］．经济研究，2007（9）.

　　［180］吴易风，朱勇．经济增长理论：马克思经济学与西方经济学的比较［J］．当代经济研究，2015（4）.

　　［181］西格法德·哈里森．日本的技术与创新管理［M］．北京：北京大学出版社，2004.

　　［182］西蒙·库兹涅茨．各国的经济增长［M］．北京：商务印书馆，1985.

　　［183］西斯蒙第．政治经济学新原理［M］．北京：商务印书馆，1983.

　　［184］夏大慰．产业组织与公共政策：哈佛学派［J］．外国经济与管理，1999（8）.

　　［185］夏大慰，陈代云，李太勇．我国彩电工业的产业组织分析［J］．财经研究，1999（8）.

　　［186］夏杰长，刘诚．行政审批改革、交易费用与中国经济增长［J］．管理世界，2017（4）.

　　［187］小阿尔弗雷德·D.钱德勒．看得见的手——美国企业的管理革命［M］．北京：商务印书馆，1987.

　　［188］小宫隆太郎，奥野正宽，铃村兴太郎．日本的产业政策［M］．北京：国际文化出版公司，1988.

　　［189］小罗伯特·B.埃克伦德，罗伯特·F.赫伯特．经济理论和方法史［M］．北京：中国人民大学出版社，2001.

　　［190］小罗伯特·E.卢卡斯．经济发展讲座［M］．南京：江苏人民出版社，2003.

　　［191］谢地．产业组织优化与经济集约增长［M］．北京：中国经济

出版社, 1999.

　　[192] 谢地. 产业组织政策模式的国际比较与借鉴 [J]. 经济学动态, 2003 (9).

　　[193] 谢加封, 沈文星, 牛利民. 广告支出与消费增长: 基于1981 年—2009 年时间序列数据的经验研究 [J]. 经济经纬, 2012 (1).

　　[194] 谢兰云. 中国省域 R&D 投入对经济增长作用途径的空间计量分析 [J]. 中国软科学, 2013 (9).

　　[195] 徐有威, 陈熙. 三线建设对中国工业经济及城市化的影响 [J]. 当代中国史研究, 2015 (4).

　　[196] 亚当·斯密. 国民财富的性质和原因的研究 [M]. 北京: 商务印书馆, 1972.

　　[197] 严成樑. 现代经济增长理论的发展脉络与未来展望——兼从中国经济增长看现代经济增长理论的缺陷 [J]. 经济研究, 2020 (7).

　　[198] 严成樑. 经济增长的多维结构 [M]. 北京: 科学出版社, 2021.

　　[199] 严成樑, 龚六堂. 熊彼特增长理论: 一个文献综述 [J]. 经济学 (季刊), 2009 (3).

　　[200] 严成樑, 龚六堂. R&D 规模、R&D 结构与经济增长 [J]. 南开经济研究, 2013 (2).

　　[201] 严成樑, 朱明亮. 我国 R&D 投入对经济增长的影响及其传导机制分析 [J]. 产业经济评论, 2016 (1).

　　[202] 杨丹辉. 中国服装业产业组织的实证分析 [J]. 产业经济研究, 2003 (5).

　　[203] 杨德权. 经济增长: 过程及微观机理 [M]. 北京: 经济科学出版社, 2005.

　　[204] 杨宏儒. 工业组织与经济增长的理论研究 [M]. 北京: 生活·读书·新知三联书店, 1993.

　　[205] 杨蕙馨. 企业的进入退出与产业组织政策——以汽车制造业

和耐用消费品制造业为例 ［M］．上海：上海三联书店，2000．

　　［206］杨建芳，龚六堂，张庆华．人力资本形成及其对经济增长的影响——一个包含教育和健康投入的内生增长模型及其检验 ［J］．管理世界，2006（5）．

　　［207］杨立岩，潘慧峰．人力资本、基础研究与经济增长 ［J］．经济研究，2003（4）．

　　［208］杨立岩，王新丽．人力资本、技术进步与内生经济增长 ［J］．经济学（季刊），2004（4）．

　　［209］杨小凯，张永生．新兴古典经济学和超边际分析 ［M］．北京：中国人民大学出版社，2000．

　　［210］杨治．产业经济学导论 ［M］．北京：中国人民大学出版社，1985．

　　［211］伊特韦尔．新帕尔格雷夫经济学大辞典（第二卷）［M］．北京：经济科学出版社，1996．

　　［212］于建原，陈锟，李清政．营销能力对企业自主创新影响研究 ［J］．中国工业经济，2007（7）．

　　［213］袁蕾，张健．影院狂人赵国庆 ［N］．南方周末，2005-07-28．

　　［214］约瑟夫·熊彼特．经济发展理论 ［M］．北京：商务印书馆，1990．

　　［215］约瑟夫·熊彼特．资本主义、社会主义与民主 ［M］．北京：商务印书馆，2000．

　　［216］约瑟夫·熊彼特．经济分析史 ［M］．北京：商务印书馆，2001．

　　［217］张伯仑．垄断竞争理论 ［M］．北京：生活·读书·新知三联书店，1958．

　　［218］张海洋，史晋川．中国省际工业新产品技术效率研究 ［J］．经济研究，2011（1）．

　　［219］张静．中国产业国际竞争力的产业组织政策分析 ［J］．南京财

经大学学报，2005（5）.

［220］张军．资本形成、工业化与经济增长：中国的转轨特征［J］．经济研究，2002a（7）.

［221］张军．改革以来中国的资本形成与经济增长：一些发现及其解释［J］．世界经济文汇，2002b（1）.

［222］张军，威廉·哈勒根．转轨经济中的"过渡进入"问题——对"重复建设"的经济学分析［M］//张军．高级微观经济学．上海：复旦大学出版社，2002c.

［223］张明海．中国经济的增长和要素配置的市场化：1978—1999［J］．世界经济文汇，2002（3）.

［224］张鹏．工业企业研发投入对经济增长影响的实证研究——基于2000—2012年我国规模以上工业企业数据［J］．调研世界，2014（12）.

［225］张衔．经济增长的有效性：概念与分析［J］．经济理论与经济管理，1995（3）.

［226］张衔．价格竞争的需求效应与财政收入［J］．经济研究，2001（5）.

［227］张衔．动态经济学导论［M］．成都：四川大学出版社，2009.

［228］张衔，程民选．东西部经济增长差异与收敛条件［J］．经济学家，2001（4）.

［229］张衔，黄善明．员工效用函数、员工剩余控制权与企业治理结构创新［J］．经济体制改革，2001（3）.

［230］张衔，骆桢，李亚伟．马克思经济学的数理分析［M］．成都：四川大学出版社，2019.

［231］赵国党．我国工业企业研发实力与经济增长的区域差异实证研究——基于主成分分析和计量分析［J］．工业技术经济，2007（8）.

［232］赵学军．"156项"建设项目对中国工业化的历史贡献［J］．中国经济史研究，2021（4）.

［233］钟祖昌.研发投入及其溢出效应对省区经济增长的影响［J］.科研管理，2013（5）.

［234］周勤，万兴.转型时期政府主导下的中国电影产业纵向变革的原因和绩效分析［J］.管理世界，2005（12）.

［235］周文和，郭玉清.企业研发创新与经济增长的公共政策激励［J］.统计与决策，2007（22）.

［236］朱勇.新增长理论［M］.北京：商务印书馆，1999.

［237］庄子银.南方模仿、企业家精神和长期增长［J］.经济研究，2003（1）.

［238］邹薇，庄子银.分工、交易与经济增长［J］.中国社会科学，1996（3）.

后 记

本书是在博士论文的基础上修改完善而来的，在此首先感谢我的导师——四川大学经济学院张衔教授多年来的悉心指导，本书从选题到结构都凝结着张老师的智慧和心血。其次感谢张宇教授（中国人民大学）、王志伟教授（北京大学）、白暴力教授（北京师范大学）、张东辉教授（山东大学）、刘灿教授（西南财经大学）、郭晓鸣研究员（四川省社会科学院）、贾志永教授（西南交通大学）、廖君沛教授（四川大学）、李天德教授（四川大学）、朱方明教授（四川大学）、蒋永穆教授（四川大学）、邓翔教授（四川大学）等各位专家老师对本书内容提出的宝贵意见，持续思考并尝试回答其中问题是驱动我完成本书撰写任务的最大动力。虽然本书仍有许多待完善之处，但作为阶段成果也是值得欣慰的。

本书是由笔者主持的重庆理工大学科研启动基金资助项目（项目编号：2020ZDR005）的阶段研究成果，感谢重庆理工大学科学技术研究院和经济金融学院提供的良好科研教学氛围。本书的出版得到了经济管理出版社的大力支持，在此致以由衷的感谢。最后感谢所有帮助支持我的朋友和我的家人。

谨为记。

付彤杰于重庆理工大学至善楼

2024 年 6 月 18 日